식물로 보는 한국사 이야기

식물로 보는 한국사 이야기 ❸
조선 후기부터 현대까지

1판 1쇄 인쇄 2024년 1월 25일

글쓴이	신현배
그린이	김규준
펴낸이	이경민
펴낸곳	㈜동아엠앤비
주소	(03972) 서울특별시 마포구 월드컵북로22길 21 2층
전화	(편집) 02-392-6901 (마케팅) 02-392-6900
팩스	02-392-6902
이메일	damnb0401@naver.com
SNS	❋ ⓞ ⓫
출판등록	2014년 3월 28일(제25100-2014-000025호)

ISBN 979-11-6363-745-5 74810
　　　979-11-6363-742-4 74810 (세트)

※ 책 가격은 뒤표지에 있습니다.
※ 잘못된 책은 구입한 곳에서 바꿔 드립니다.
※ 사진 출처: 국립중앙박물관, 문화재청, 위키백과, 셔터스톡 코리아

뭉치 도서출판 뭉치는 ㈜동아엠앤비의 어린이 출판 브랜드로, 아이들의 지식을 단단하게 만들어주고, 아이들의 창의력과 사고력을 키워주어 우리 자녀들이 융합형 창의 사고뭉치로 성장할 수 있도록 좋은 책을 만들겠습니다.

작가의 글

식물을 통해 본 5천 년 우리 역사 이야기

현재 지구상에는 30여만 종에 이르는 식물이 있고, 우리 한반도에는 4천 5백여 종의 식물이 자라고 있다고 하지?

인간은 오랜 세월을 식물과 함께 살아왔어. 식물은 인간의 삶에 많은 도움을 주고 있지. 산소를 생산하여 인간이 숨을 쉬도록 해 주고, 열매와 씨앗으로 먹을 양식과 병을 치료하는 약이 되어 주지. 또한 자신의 몸을 바쳐 집을 짓는 재료가 되어 주고, 꽃을 피워 인간을 즐겁게 해 준단다.

식물은 인간의 삶에서 없어서는 안 될 소중한 존재야. 인간은 식물을 벗어나서는 삶을 유지할 수가 없지.

인류 역사를 돌아보더라도 식물이 남겨 놓은 발자취는 곳곳에서 찾아볼 수 있어. 그럴 수밖에 없는 것이, 식물은 언제나 인간과 깊은 유대 관계를 맺으며 인간과 함께해 왔거든. 아마도 식물이 없었다면 인류 역사는 아예 시작되지 않았을 거야.

벼는 우리나라를 포함한 동아시아와 동남아시아 지역에서 주로 재배하는 농작물이야. 그 열매의 껍질을 벗겨 낸 것을 쌀이라고 하는데, 전 세계 40퍼센트에 이르는 사람들이 쌀을 주식으로 하고 있어.

벼농사는 지금부터 1만 년 전쯤에 중국 남부와 인도, 인도차이나 반도 등지에서 시작되었다고 해. 그리고 우리나라에는 중국을 거쳐 전해졌으며, 신석기 시대 후반부터 벼농사가 시작되어 삼한 시대에 이미 쌀을 식량으로 이용했다고 알려져 있어.

아시아에서 인류의 문명을 꽃피우게 한 식물이 바로 벼이지. 인간이 벼농사를 지어 정착 생활을 함으로써 인구가 늘어나고, 잉여 생산물 때문에 계급 사회가 되었다고 하지? 벼 하나만 보더라도 식물이 어떻게 인류의 역사를 바꾸었는지 알 수 있겠지?

그런데 재미있는 것은, 식물과 관련된 일 때문에 역사의 물줄기가 바뀐 경우가 적지 않았다는 거야.

우리 역사를 살펴보면, 종이가 발명되기 전에는 작은 나뭇조각인 목간에 문자를 기록했다지. 천년 왕국 신라는 참나무를 구운 숯으로 망했다는 이야기가 있어. 또한 벌레가 갉아 먹게 해 오동나무 잎에 쓴 글자 '주초위왕(走肖爲王)'이 기묘사화를 불러오거나, 임진왜란은 후추 때문에 일어났고, 소나무로 만들어진 판옥선·거북선 때문에 조선이 일본을 이겼대. 그리고 이순신 장군은 벼농사·보리농사를 지어 수군을 먹여 살렸고, 유성룡이 칡넝쿨로 임진강에 다리를 만들어 명나라 대군을 건너게 해서, 일본군에게 빼앗겼던 한양을 탈환할 수 있었단다.

그런가 하면, 공물을 쌀로 받는 대동법이 조선을 살렸고, 진주민란은 곡식을 농민에게 꾸어 주는 환곡 때문에 일어났지. 그리고 임오군란은 겨와 모래와 돌이 섞인 쌀 때문에 일어났으며, 대한민국 임시 정부는 하와이 사탕수수 농장 한인 노동자들의 피땀으로 운영되었단다.

『식물로 보는 한국사 이야기』(전3권)는 식물을 통해 본 우리 역사 이야기야. 5천 년 한국사에서 우리 민족과 함께했던 여러 식물의 이야기를 한자리에 모았어.

딱딱하고 지루한 역사 이야기가 아니라, 마늘·쑥·쪽풀·메밀·차나무·쌀·보리·소나무·대나무·갈대·연꽃·향나무·금송·모란·마·은행나무·버들·닥나무·호두나무·봉선화·목화·콩·복숭아나무·귤나무·회화나무·뽕나무·참외·수박·오동나무·매화나무·탱자나무·인삼·고구마·감자·배추·커피·구상나무·느티나무·사탕수수·무궁화·벚나무·옥수수·대왕참나무·밀 등등 다양한 식물들이 주인공으로 등장하여 흥미진진한 역사 이야기가 펼쳐진단다.

우리 역사에 영향을 미친 식물 이야기를 읽다 보면 5천 년 한국사가 한눈에 들어오고, 새로운 눈으로 역사를 볼 수 있는 좋은 기회가 될 거야.

2023년 가을에
신현배

차례

작가의 글 • 004

01 "조선의 동식물을 조사하여 보고하라!", 일본 막부 장군이 극비 명령을 내리다 • 012
02 외적의 침입으로부터 나라를 지킨 탱자나무 • 018
03 정조는 조선의 '식목왕'이었다? • 022
04 차를 사랑했던 정약용과 초의선사와 김정희 • 032
05 의주 상인 임상옥, 청나라 상인들에게 열 배나 비싸게 인삼을 팔다 • 036
06 감자는 어떻게 우리나라에 전해졌을까? • 046
07 역사의 현장을 지켜본 서울 재동의 백송 • 050
08 한양에서 쌀 폭동은 왜 일어났을까? • 056
09 순무김치를 좋아한 '강화 도령' 철종 • 062
10 진주 민란은 곡식을 농민에게 꾸어 주는 환곡 때문에 일어났다? • 068
11 겨와 모래와 돌이 섞인 쌀 때문에 일어난 임오군란 • 074
12 오얏꽃, 대한 제국의 문장으로 사용되다 • 080
13 통역관 김홍륙, 고종을 커피로 독살하려 하다 • 084
14 서울의 나무장수 이야기 • 088
15 온돌의 보급으로 땔감이 늘어 우리나라 산이 민둥산이 되었다? • 094

16 을사늑약 때 자결한 민영환의 방에서 푸른 대나무가 돋아났다? • 100

17 '담배를 끊어 나랏빚을 갚자!', 대구에서 일어난 국채 보상 운동 • 104

18 유럽과 미국에서 가장 인기 있는 크리스마스트리, 한라산 구상나무 • 108

19 '독립군 나무'로 불린 느티나무 • 112

20 대한민국 임시 정부는 하와이 사탕수수 농장 한인 노동자들의 피땀으로 운영되었다? • 116

21 나라꽃인 무궁화 보급에 앞장선 남궁억 • 122

22 일제가 제 나라 국민들을 먹이기 위해 추진한 산미 증산 계획 • 128

23 일제에 맞선 부자 소나무, 석송령 • 134

24 베를린 올림픽에서 손기정이 받은 '월계관수'는 대왕참나무였다? • 140

25 중앙아시아로 강제 이주되어 벼농사 성공 신화를 이룬 연해주 한인들 • 146

26 일제의 악명 높은 식량 강제 공출 • 154

27 일제가 벚꽃에 비유한 가미카제 특공대에 희생당한 조선인 청년들이 있었다? • 158

28 남북 분단의 아픔을 겪는 은행나무가 있다? • 166

29 배추와 무, 감자 등을 개량하여 한국의 식량난을 해결한 우장춘 • 172

30 통일벼가 온 국민의 배를 불려 주었다? • 178

31 세계가 깜짝 놀란 우리나라의 산림녹화 • 182

32 아프리카 사람들을 굶주림에서 구한 '옥수수 박사' 김순권 • 188

33 수몰 위기에 처한 천연기념물 은행나무를 살려 내다 • 194

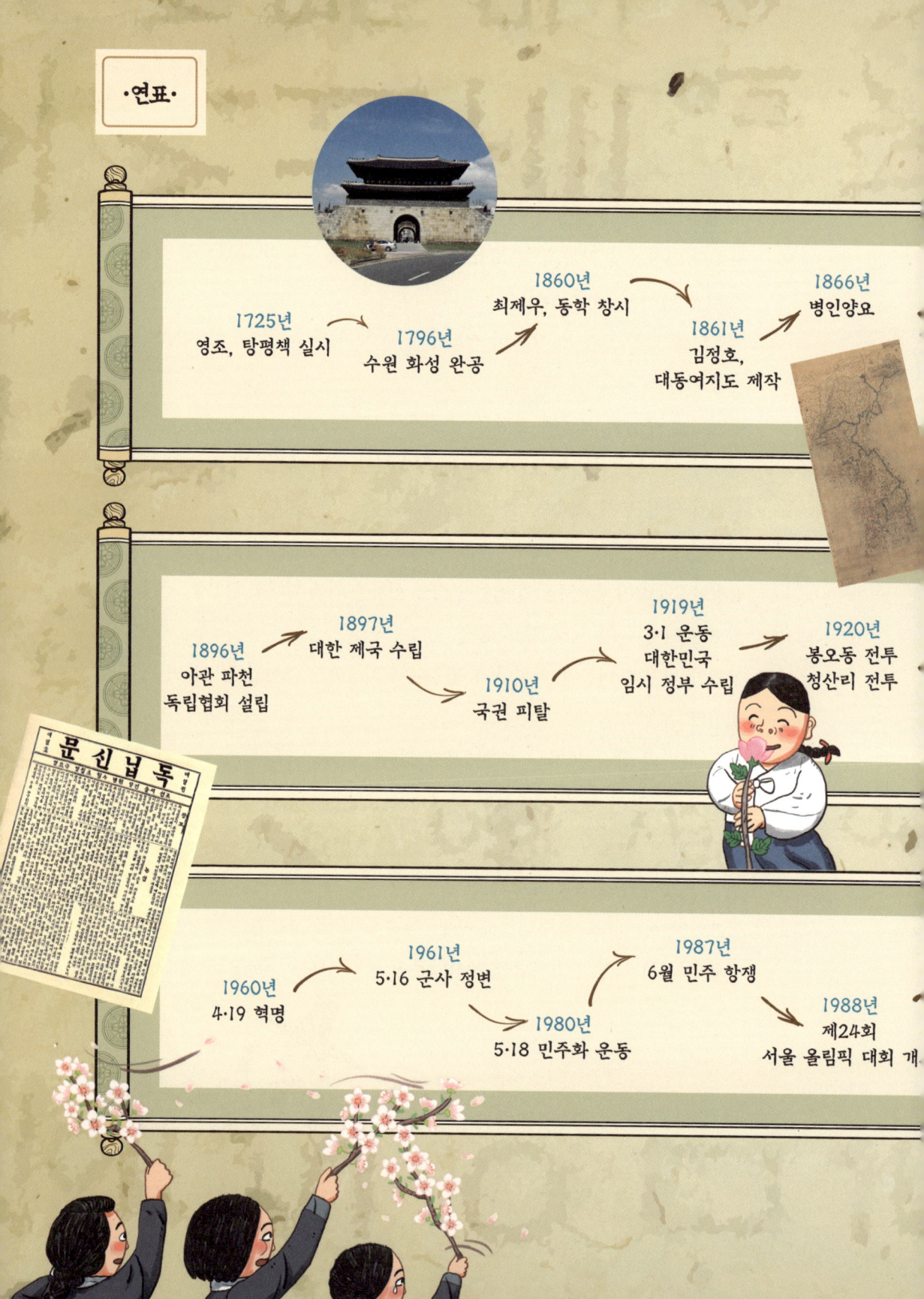

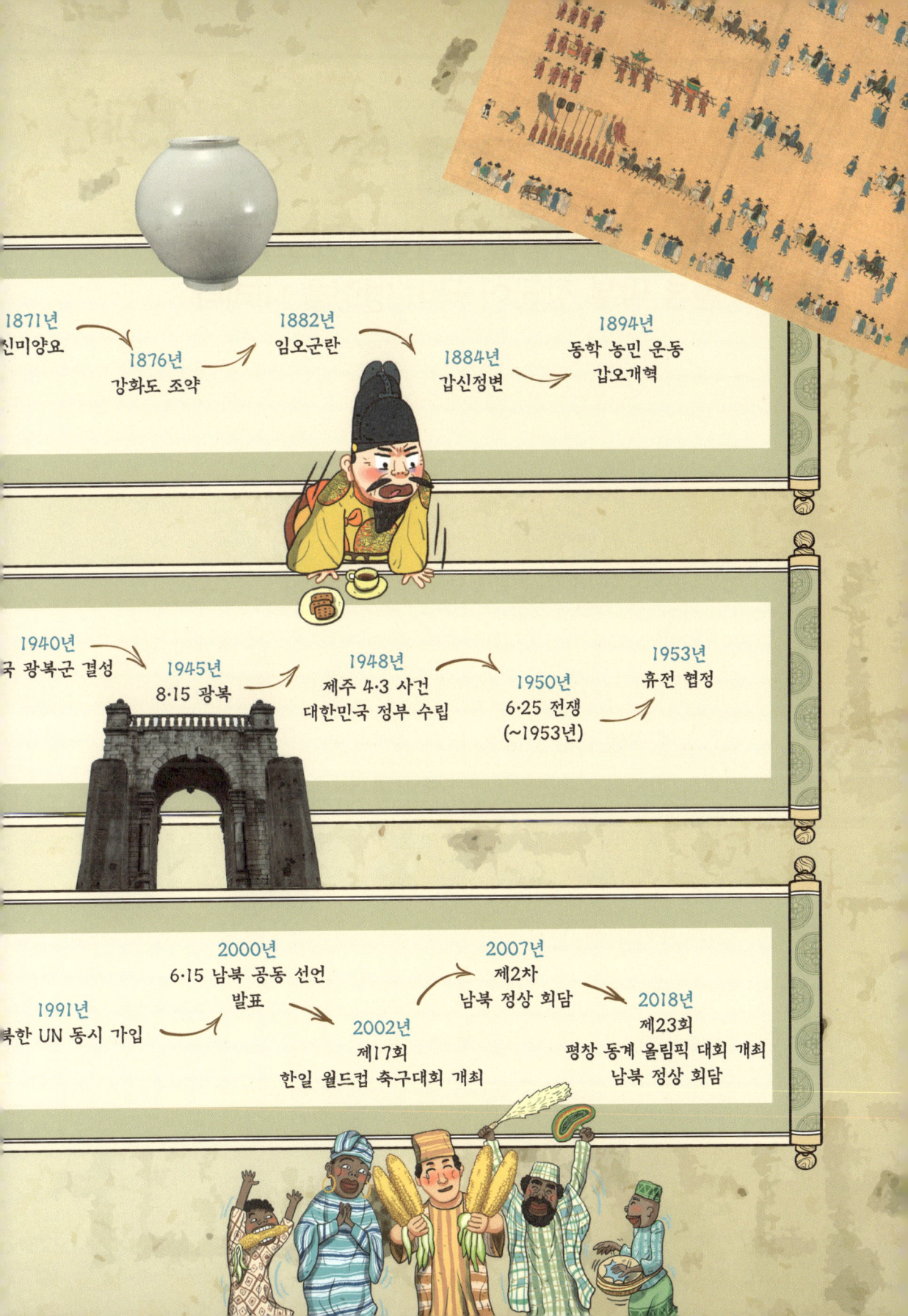

01

"조선의 동식물을 조사하여 보고하라!", 일본 막부 장군이 극비 명령을 내리다

일본 막부의 제8대 장군은 도쿠가와 요시무네야. 그는 어린 시절을 에도성에서 보내지 않고 기슈에 있는 어느 가신의 집에서 성장했어. 기슈의 산과 들에서 자연과 벗하며 자라났기 때문에 풀이나 나무 등에 대해 관심이 많았지.

의학이 발달하지 않았던 옛날에는 풀·나무·짐승·물고기·벌레·광물 등 자연의 모든 것이 약의 재료였어. 도쿠가와 요시무네는 어려서부터 풀 하나를 보아도, 이것이 어느 병에 잘 듣는 약의 재료일까 하는 생각을 했지.

그는 장군이 된 지 2년째인 1718년 1월, 쓰시마 번이 바친 『동의보감』을 받아 들고 뛸 듯이 기뻐했어.

"이 책이 지금으로부터 100년 전에 조선의 허준이 지었다는

『동의보감』인가? 말로만 듣던 귀한 의학책을 얻게 되다니……"

도쿠가와 요시무네는 『동의보감』을 처음부터 끝까지 빼놓지 않고 자세히 읽었어. 특히 그의 관심을 끈 것은 약에 대해 설명한 「탕액편」이었지.

'약재가 1,400종이나 되다니……. 게다가 약의 효능을 상세히 적어 놓았어.'

도쿠가와 요시무네는 『동의보감』에 감탄하며 책 속에 흠뻑 빠져들었지.

'책에는 약재 이름이 한자와 한글로 쓰여 있는걸. 그런데 약재가 일본명으로 어떻게 되지?'

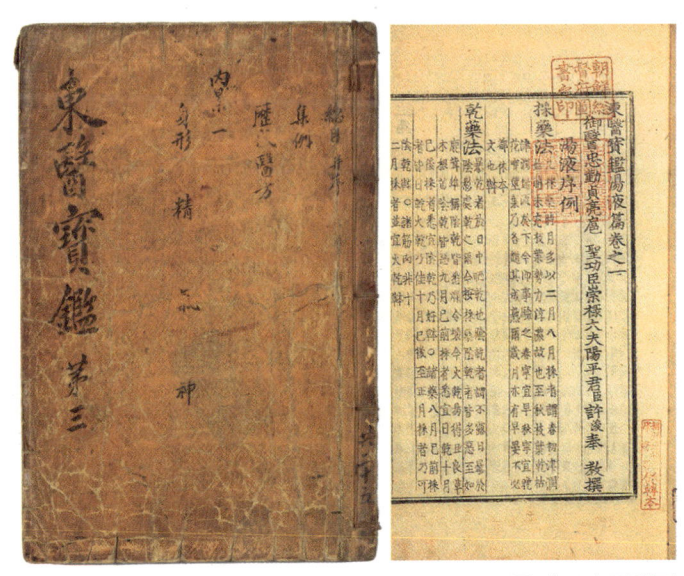

동의보감 탕액편

도쿠가와 요시무네는 『동의보감』에 실린 약재가 일본명으로 무엇인지 주위 사람들에게 물어보았어. 하지만 이를 정확히 알아내는 사람은 아무도 없었단다.
　그는 생각했어.
　『동의보감』에 실린 모든 약재를 일본명으로 기입한다면 우리 백성들이 약재를 구해 병을 고칠 수 있겠지? 그래, 조선에 사람을 보내 약재에 대한 정보를 수집하자. 약재가 되는 풀·나무·짐승·물고기 등의 동식물이 일본에 있는 것과 조선에 있는 것이 같은지 아닌지, 조선에는 있으나 일본에는 없는 것, 혹은 일본에는 있으나

조선에는 없는 것이 무엇인지 조사하여 문서로 작성해 보고하라고 하는 거야.'

도쿠가와 요시무네는 약학에 밝은 젊은 의사 하야시 료키에게 임무를 맡겼어. 하야시 료키는 2년 동안 준비 작업을 한 뒤 쓰시마 번의 협조를 얻어 조선 약재 조사팀을 만들었어. 그러고는 조선에 건너가 왜관에서 약재가 되는 조선의 동식물을 수집하기 시작했단다.

왜관은 조선 땅에 일본인들이 모여 살도록 허락한 곳이야. 일본 사람들은 이곳에서 합법적으로 거주하며 외교와 무역 활동을 했지.

1721년 12월, 하야시 료키가 스물일곱 살이라는 젊은 나이에 갑자기 세상을 떠났어. 그러자 도쿠가와 요시무네는 의사인 고노 쇼앙을 후임자로 임명했지.

조선 약재 조사팀의 책임자는 약재질정관인 고시 쓰네에몽이었어. 그는 화공인 히라카와 고에몽, 정원사인 엥에몽 등과 왜관에서 일했어. 이들은 조선의 동식물을 조사할 때 그 실물을 그려서 동식물과 함께 쓰시마로 보냈단다.

1721년 7~9월, 조선 약재 조사팀에게 약재를 구해 준 사람은 조선인인 허 비장과 이 첨지였어.

허 비장은 7월 21일에 싸리나무 한 그루와 모과 한 개를 왜관에 보냈고, 다음 날엔 이 첨지가 새삼 일곱 뿌리를 가져다주었어. 두 사람이 구해 준 약초는 화분에 심겨져 쓰시마로 보내졌어.

약초는 주로 경상도 지역에서 채집되었단다. 그에 비해 동물은 한반도 전체에서 수집하여 박제로 만들거나 산 채로 일본으로 보냈지.

조선 땅 왜관에서의 동식물 조사 활동은 30년 동안 계속되었어. 1726년에는 『동의보감 탕액류 화명』 상하 두 권을 완성하는 성과를 거두었지. 총 1천 387종 중에 확인되지 않은 것이 132종이고, 전체의 90퍼센트 이상 약재를 일본명으로 바꿔 적을 수 있었단다.

도쿠가와 요시무네는 일본에 어떻게 조선의 인삼을 가져갔을까요?

인삼은 일본에서 큰 인기를 누리고 있었어. 병을 고치는 귀한 약재로 알려져 있어 부자는 물론 서민들까지 앞다투어 인삼을 사려고 했지.

인삼은 일본에서 재배되지 않기 때문에 왜관을 통해 조선에서 수입해 쓰시마 직영 인삼좌에서만 판매했어. 인삼을 사려는 사람들이 어찌나 많은지 인삼을 판매하는 점포인 인삼좌 앞에는 전날 밤부터 장사진을 치며 순서를 기다렸지.

도쿠가와 요시무네는 인삼값이 점점 올라 이를 수입하느라 엄청난 액수의 은화가 해외로 나가는 것이 매우 안타까웠어. 그래서 그는 인삼을 일본에서 재배하여 은화의 낭비를 막아 보겠다며 조선 약재 조사팀에게 인삼 모종(잎이 달린 인삼)을 입수해 일본에 보내라는 명령을 내렸단다.

1721년 10월 25일, 드디어 조선 약재 조사팀이 인삼 모종 세 뿌리를 구해 도쿠가와 요시무네에게 보냈어. 도쿠가와 요시무네는 아주 기뻐하며 인삼 모종을 닛코이마이치, 에도, 요시무네의 거소 등지에 심었어. 그중에서 닛코이마이치에서 인삼 대량 재배에 성공하여 1738년부터는 일본산 인삼을 판매하기 시작했지.

02

외적의 침입으로부터
나라를 지킨 탱자나무

강화도는 우리나라에서 다섯 번째로 큰 섬이야. 한양에서 가까운 데다 바다로 둘러싸인 섬이기 때문에 외적의 침입이 있을 때 임금의 피난처로 이용되었어. 몽골이 쳐들어왔던 고려 고종 때는 도읍지를 개경에서 강화도로 옮겼고, 후금의 침입을 받은 정묘호란 때는 조선 인조가 강화도로 피신했지.

조선은 병자호란 때 인조가 강화도로 피신하지 못하고 남한산성에 갔다가 청나라 황제에게 항복하는 치욕을 겪은 뒤부터는 강화도 방위에 깊은 관심을 가졌어. 두 번 다시 오랑캐에게 굴복하는 수치를 당하지 않겠다며, 숙종 때 강화도에 성을 쌓고 해안선을 따라 마흔여덟 개의 돈대를 설치한 거야. 돈대는 작은 규모의 보루를 만들고 대포를 놓아 지키는 곳이란다.

영조 때는 흙으로 쌓은 성이 자꾸 허물어지자 이를 다시 고쳐 쌓았어. 그런데 그때 강화 유수 원경하가 장맛비로 무너진 성벽이 절반이 넘는다며 성 바깥쪽에 탱자나무를 심을 것을 건의했단다. 강화도 백성들을 불러 모아 탱자나무를 심으면 2백 리에 이르는 해안선을 6, 7년 안에 성처럼 쌓을 수 있다는 거야.

탱자나무는 줄기와 가지에 날카로운 가시가 나 있어 아무나 쉽게 접근할 수가 없어. 그래서 외부의 침입을 막으려고 탱자나무를 심어서 가시 울타리를 만든 성을 '탱자성', 즉 '지성(枳城)'이라고 부르지.

원경하는 고려 때 최영 장군이 탐라국을 점령하지 못한 것은 탱자나무로 만든 목책 때문이라고 했어. 탱자나무를 성벽 밑에 심어 놓는다면 외적이 쉽게 접근할 수 없다는 거야.

원경하의 건의는 그대로 받아들여졌어. 경상도 지방에서 탱자나무를 실어 와 강화도 성벽을 따라 줄줄이 심었지.

세월이 지나면서 대부분의 탱자나무가 죽고 현재 살아남은 것이 강화 갑곶리 탱자나무와 강화 사기리 탱자나무야.

강화 갑곶리 탱자나무는 천연기념물 제78호, 강화 사기리 탱자나무는 천연기념물 제79호로 지정되어 보호받고 있지. 이 두 그루 탱자나무는 우리 선조들이 외적의 침입에 대비하여 심은 나무로서 국토방위의 의지를 엿볼 수 있는 역사적 유물로 평가하고 있단다.

탱자나무는 울타리 역할 말고
또 어디에 쓰였어요?

탱자나무는 운향과에 속하는 낙엽 관목이야. 중국이 원산지로, 오랜 옛날에 우리나라로 들어온 것으로 알려져 있어. 키는 3미터쯤이고 줄기와 가지에 5센티미터의 날카로운 가시가 달려 있지. 그래서 남쪽 지방에서 울타리용으로 많이 심는단다.

또한 조선 시대에는 귀양 온 죄인이 도망치지 못하도록 탱자나무를 집 주위에 빙 둘러 심었어. 민간에서는 저승사자의 출입을 막기 위해 탱자나무를 심었다고도 해.

한방에서는 열매를 피부병, 열매껍질을 진통제 · 해열제 · 이뇨제, 뿌리껍질을 치질, 줄기 껍질을 종기 · 풍증에 약재로 사용하고 있지.

강화 갑곶리 탱자나무(천연기념물 제78호)

03

정조는
조선의 '식목왕'이었다?

　1776년, 할아버지 영조의 뒤를 이어 왕위에 오른 조선 제22대 정조는 아버지 사도 세자의 비극적인 죽음을 잊을 수가 없었어. 그는 왕위에 오르자마자 아버지를 '장헌 세자'로 추존하고, 양주에 있던 묘를 수원 화산으로 옮겨 '현륭원'이라 했다가 다시 '융릉'으로 올렸지. 그러고는 아버지의 묘소를 참배하러 자주 수원 나들이를 했단다.

　정조가 참배를 갈 때 이촌동과 노량진 사이에 배다리를 놓아 한강을 건넌 일은 유명하지. 정조가 자주 수원 나들이를 했다고 하니, 아버지에 대한 효성이 얼마나 지극했는지 알겠지?

　정조가 자주 수원 행차를 한 것은 수원에 화성이라는 도시를 만들기 위해서였다고 보는 학자들도 있어. 정조는 2년 8개월의 공사 끝에 수원에 화성을 쌓았는데, 조선의 수도를 화성으로 옮길 생각을 했다는 거야. 한양에서 수원까지는 45킬로미터인데, 정조는 1,779명의 수행원과 779필의 말을 이끌고 이틀 만에 다녀오곤 했단다. 길을 가득히 메운 정조의 행차는 상상만 해도 너무 장엄하고 멋지지?

수원에는 지금도 노송 지대라는 곳이 남아 있단다. 노송 지대는 지지대 고개에서 현륭원까지 십여 리 길에 조성된 소나무 숲을 말하지.

사도 세자의 묘를 수원 화성으로 옮긴 정조는 현륭원에서 나무를 가꾸는 관리인 식수관을 불러 말했어.

"소나무 5백 그루를 사서 길가에 심도록 하라."

식수관은 정조로부터 1천 냥을 받아 소나무 5백 그루를 사서 심었어. 이리하여 현륭원에 이르는 길에 소나무 숲이 들어서게 되었지.

하지만 정조는 현륭원에 올 때마다 마음이 편치 않았어. 이곳에 소나무 숲이 생기자 백성들이 소나무를 베어 땔감으로 쓰는 거야. 관리들이 감시를 해도 한밤중에 몰래 소나무를 베어 가는 것은 막을 길이 없었어. 정조는 생각다 못해 관리들을 불러 말했어.

"소나무마다 엽전을 매달아 놓아라."

"예? 그게 무슨 말씀입니까?"

관리들이 영문을 몰라 어리둥절한 표정을 지었어.

"엽전을 매달아 놓으라는 것은 다른 뜻이 아니다. 꼭 나무를 베어 가야 할 형편이라면 엽전으로 땔감을 사라는 거야. 그러니 제발 나무를 베지 말라고 백성들에게 사정하라."

정조의 간절한 호소는 백성들의 마음을 움직였어. 그 뒤부터는 소나무를 베어 가는 사람이 더 이상 나오지 않았지.

그런데 얼마 뒤에는 또 걱정거리가 생겼어. 소나무 숲에 송충

이가 늘어나 솔잎을 마구 갉아 먹는 거야. 고을 사람들에게 송충이를 잡아 오면 송충이 한 사발에 엽전 칠 푼씩을 준다고 해도 송충이는 줄어들지 않았어.

　어느 날 현륭원에 온 정조는 송충이 때문에 피해를 입은 소나무들을 보자 마음이 아팠어. 그는 송충이 몇 마리를 잡아 오게 하여 손바닥에 올려놓고는 눈물을 흘리며 말했어.

　"송충이야, 어째서 아버지의 몸이나 다름없는 현륭원의 소나무 솔잎을 갉아 먹느냐? 차라리 내 오장을 갉아 먹어라."

정조는 송충이를 입에 넣어 삼켜 버렸어. 그 순간, 그곳에서는 신비한 일이 벌어졌어. 정조의 효성에 감동한 까치와 까마귀가 수만 마리나 날아와 송충이를 모조리 잡아먹는 거야.

이 일이 알려지자 백성들은 정조야말로 하늘이 낳은 효자라며 그의 효성을 칭송했다고 해.

이 이야기는 중국 당나라 태종이 메뚜기를 입에 넣어 삼켰다는 이야기와 비슷하지. 628년에 흉년이 들고 남은 곡식마저 메뚜기 떼가 갉아 먹자, 태종은 메뚜기 몇 마리를 잡아 오게 해 손바닥에 올려놓고 말했대.

"백성은 곡식을 먹어 생명을 이어 가는데 네가 곡식을 먹어 치우니 내 백성을 해치는 셈이다. 차라리 내 심장을 갉아 먹고 내 백성을 해치지 말아라."

태종은 그 자리에서 메뚜기를 입에 넣고 삼켰어. 그러자 그 뒤로 두 번 다시 메뚜기가 곡식을 갉아 먹는 일이 없었다는구나.

또 이런 이야기도 있어. 숙종 때에 공필장이란 효자가 전라도 장성 땅에 살았어. 그는 어머니 3년상을 마친 뒤에도 새벽마다 어머니 묘소를 참배했지. 아흔 살로 세상을 떠날 때까지도 그 일을 그만두지 않았대.

어느 날 어머니 무덤 앞에 있는 소나무와 개오동나무가 해충 때문에 시들어 가자 공필장은 목 놓아 울며 해충을 잡았지. 그런데 그때 갑자기 수천 마리의 새가 날아와 해충을 모조리 물어다가 대천에 버렸다는구나.

정조가 송충이를 입에 넣어 삼킨 이야기는 당나라 태종과 공필장 이야기를 합하여 만들어진 이야기임을 알 수 있겠지? 왜 이런 이야기가 백성들 사이에서 만들어져 전해 내려왔을까? 그것은 정조가 아버지에 대한 효성이 지극한 효자였기 때문이지.

널리 알려진 사실이 아니지만, 정조는 우리나라 임금들 가운데 가장 나무를 많이 심은 '식목왕'이었어. 그의 명령으로 아버지 사도 세자의 묘인 현륭원에 심어진 나무만 해도 무려 1천 2백만 그루나 되었다고 해.

정조는 언제 어느 곳에 누가 나무를 심었는지 상세히 기록을 남기게 했어. 어떤 종류의 나무를 몇 그루나 심었고, 나무를 심은 백성들의 이름과 감독관의 이름, 그 고을 사또와 아전들의 이름까지 밝혀 놓았지. 그리고 나무를 심은 뒤에는 반드시 상을 내렸는데, 그 내용을 기록했단다.

정조가 사도 세자의 묘를 수원 화성으로 옮기고 7년이 지난 정조 20년(1796년), 왕은 현륭원에 심은 나무에 대한 기록을 정리하기로 마음먹었어.

정조 13년 가을에 처음 나무를 심기 시작하여 해마다 나무를 심었는데, 그때마다 기록을 남기게 했으니 그 문서만 해도 수레에 실으면 소가 땀을 흘릴 정도로 많았단다.

정조는 총애하는 신하인 정약용을 불러 이런 명령을 내렸지.

"7년간의 나무 관련 문서를 간략하게 정리하여 보고해라. 그동안 나무를 얼마나 심었는지 궁금하니……. 분량이 많아도 한 권을 넘지 않게 하라."

"알겠습니다."

정약용은 수레에 가득한 나무 관련 문서를 한 장의 문서로 정리하여 정조에게 보고했어.

"나무 관련 문서를 연표로 만들어 정리했습니다. 소나무·전나

무·상수리나무 등 심은 나무가 총 1천 2백만 9,712그루였습니다."

정조는 정약용이 올린 한 장의 문서를 보고 흡족한 표정을 지으며 말했단다.

"나무 관련 문서가 어마어마하게 많아 정리할 분량이 한 권은 될 줄 알았는데 너는 한 장의 문서로 간략하게 정리했구나. 나무를 심은 연도, 나무의 종류, 나무의 수 등을 일목요연하게 연표로 만들어 기록하다니……. 아주 훌륭하다."

정조가 현륭원에 7년 동안 심은 나무만 해도 1천 2백만 그루였다고 했지? 그러니 임금의 자리에 올라 전국 곳곳에 심은 나무는 수천만 그루가 되겠지?

정조가 나무를 심게 된 것은 아버지 사도 세자 때문이었어. 사도 세자는 영조 36년(1760년), 온양 행궁에 행차했을 때 행궁 앞에 느티나무 세 그루를 심은 적이 있었어. 그는 다리에 생긴 종기를 치료하러 온양 온천에 갔는데, 행궁에서 열흘 동안 머물며 활쏘기를 했지. 그런데 화살 다섯 발이 모두 명중하여 이 일을 기념하려고 온양 군수를 시켜 느티나무 세 그루를 심게 했대.

정조는 이 일을 언제 처음 알았을까? 아버지 사도 세자가 나무를 좋아했다는 사실을 알고 그가 처음으로 나무를 집중적으로 심은 곳은 사도 세자 사당인 경모궁이었어.

경모궁은 지금의 서울대병원 자리인데, 정조는 이곳에 소나무·

은행나무·버드나무·삼나무·단풍나무·매화나무를 심었지. 그리고 그 뒤로 사도 세자의 묘를 수원 화성으로 옮겨 현륭원을 조성할 때 본격적으로 나무 심기에 나섰어.

정조는 화성 언덕에서 말했어.

"이 산 이름이 '꽃 화(花)'에 '뫼 산(山)'이니 꽃나무를 많이 심는 게 좋겠다."

그러고는 나무를 아주 많이 심었지.

정조는 조선 시대는 물론 우리나라 역사를 통틀어 나무를 가장 많이 심은 '식목왕'으로 역사에 남아 있단다.

정조가 화성 행차 때 백성들에게 직접 쌀을 나눠 주었다고요?

정조는 정조 19년(1795년) 윤 2월 9일에 어머니 혜경궁 홍씨의 회갑을 기념하여 화성 행차를 했어. 1,779명을 거느리고 시흥 행궁을 거쳐 이튿날 저녁 화성 행궁에 도착했지.

셋째 날에는 화성 향교의 대성전에 가서 참배를 하고, 화성 지역 백성들을 대상으로 특별 과거 시험을 치렀어. 그리고 넷째 날에는 아버지 사도 세자의 묘인 현륭원에 참배하고, 화성의 서장대에 올라 군사 훈련을 했지. 다섯째 날에는 어머니 혜경궁 홍씨의 회갑연을 열었단다.

여섯째 날에는 가난한 백성들에게 정조가 직접 쌀을 나눠 주었어. 이들은 화성에 사는 홀아비·과부·고아·독자 539명과 서민 4,813명이었지. 그날 오전에는 낙남헌에서 화성에 사는 노인 384명과 노인 관료 15명을 불러 양로 잔치를 베풀었어.

일곱째 날은 한양으로 출발하여 시흥 행궁에서 잠을 자고, 마지막 날에는 노량을 지나 창덕궁으로 돌아왔지.

정조의 화성 행차는 그렇게 8일에 걸쳐 성대하게 진행되었단다.

04

차를 사랑했던 정약용과 초의선사와 김정희

조선 시대에 선비들은 차 마시는 일을 군자가 되기 위한 수양의 한 과정으로 생각했어. 정성을 다해 차를 끓여 마시면 살과 뼈가 바르게 되고 마음이 정화되어 천하를 생각하는 군자의 도를 찾게 된다는 거지. 그래서 선비들은 자연을 가까이하며 정원이나 정자, 사랑방에 앉아 차를 즐겼단다.

정약용은 스스로 호를 '다산(茶山)'이라 할 만큼 차를 좋아했어. '다산'은 그가 유배되었던 전라도 강진의 산 이름이었는데 그 산에 차나무가 자생하고 있었거든. 정약용은 다산 초당으로 옮겨 살 때는 주위에 꽃과 나무를 심고 차를 더 가까이했어. 초당 뒤편에 샘을 파 약수터인 '약천'을 만들고, 널찍한 바위를 옮겨 초당 앞에 '차를 끓이는 부뚜막'인 '다조'를 설치했지. 차를 끓일 때는 숯불로

끓이다가 불기가 세지면 숯을 꺼내어 솔방울을 넣어 불의 세기를 조절했단다. 그렇게 정성을 다해 약을 달이듯 차를 끓였지.

　순조 9년(1809년)에 다산 초당으로 스물네 살의 젊은 승려가 마흔다섯 살의 정약용을 만나러 왔어. 그는 바로 초의선사로, 정약용을 스승으로 모시고 유학과 시문을 배웠지. 당시에 정약용은 떡차를 만들어 마셨어. 떡차는 찻잎을 여러 차례 찌고 말려 가루를 낸 뒤 이를 떡 모양으로 빚어 말린 차란다. 녹차와 달리 차를 주전자에 넣어 끓이지. 정약용은 초의선사에게 떡차 만드는 법을 가르쳐 주었어. 뒷날 초의선사는 이 방법을 더욱 발전시켜 '초의차'라고 불리는 독특한 차를 만들었단다.

　초의선사는 우리나라의 다도를 정립했다고 하여 '다성(茶聖)'으로 불리는 인물이야. 순조 24년(1824년), 해남 대둔산 대흥사 동쪽 계곡에 일지암을 짓고 40여 년 동안 혼자 수행을 하며 차밭을 일구어 그 지역을 차 문화의 중심지로 만들었어.

초의선사는 김정희·홍현주·신위·김명희·윤정현·권돈인·신관호 등 당대의 유학자들과 사귀었어. 이들과 인연을 맺게 된 것은 차를 통해서였지. 특히 김정희와의 인연은 아주 각별했어. 동갑내기인 두 사람은 평생 친구로서 깊은 우정을 나누었지.

초의선사가 김정희를 만난 것은 정약용의 아들인 정학연을 통해서였어. 정학연이 아버지의 유배지인 강진에 갔다가 초의선사를 만났고, 초의선사가 한양에 갔을 때 정학연의 소개로 김정희를 만난 거야. 초의선사는 해마다 봄이면 자신이 만든 차를 김정희에게 보냈어. 김정희는 그 차 맛에 흠뻑 빠져들었지.

김정희는 스물네 살 때 청나라에 동신사로 가는 아버지를 따라 연경에 다녀온 적이 있었어. 그때 그는 연경에서 '용단승설'이라는 명차를 맛보고 오래도록 그 맛을 잊지 못했어. 그런데 초의선사가 보내 준 차 맛이 엄청나게 좋은 거야. 그 뒤로 김정희는 차 맛을 잊지 못해 초의선사에게 차를 보내 달라고 자주 편지를 보냈어. 제주에서 유배 생활을 할 때도 차를 보내라고 졸라 댔지.

정약용과 초의선사. 초의선사와 김정희. 차로 맺은 이들의 인연이 얼마나 깊고 소중했는지 알겠지?

초의선사는 왜 차(茶)와 선(禪)은 같은 것이라고 했나요?

차는 옛날부터 불교와 인연이 깊었어. 절에서는 이미 8세기에 공양물로 차를 부처님에게 올렸어. 따라서 당시에 승려들이 차를 즐겨 마셨음을 알 수 있지.

불교에서는 참선 수행을 하기 때문에 밤낮으로 좌선하는 승려들에게 차는 도움이 많이 되었어. 차에는 카페인 성분이 있어 잠을 깨우고 정신을 맑게 해 주거든. 그래서 승려들은 늘 차를 가까이했지.

고려의 문인인 이규보는 '차 한 잔은 참선의 시작'이라고 했어.

차는 간단히 마실 수가 없지. 먼저 차를 재배해야 하고, 차를 끓이는 과정도 까다롭지. 맑은 물을 찾아 떠와야 하고, 물을 끓이고 차를 다려 마음을 가라앉힌 뒤 향과 맛을 음미하며 마셔야 하지. 정신을 집중하고 집착도 버려야 해.

그래서 초의선사는 "차와 선은 같은 것"이라고 했지. 차 한 잔을 마실 때도 몸과 마음이 환하게 열려 깨달음의 경지, 열반의 경지에 이른다는 거야. 차 한 잔에 부처님의 진리와 명상의 기쁨이 모두 녹아 있다는 거지.

05

의주 상인 임상옥, 청나라 상인들에게 열 배나 비싸게 인삼을 팔다

조선 후기에 평안도 의주를 무대로 청나라와 무역 활동을 하던 의주 상인을 '만상'이라고 해. 고려 때에는 의주를 '용만(龍灣)'이라고도 불렀는데, 의주를 끼고 흘러가는 압록강의 모양이 활을 당기는 것과 같다고 '만'이 붙었다고 하지. 그래서 의주는 '만부', 의주 상인은 '만상'이라는 이름을 얻었어.

의주는 국경 도시로, 조선 사신 일행이 중국으로 떠나고 중국 사신 일행이 들어오는 관문이었어. 그러므로 두 나라 간의 무역 중심지로서 의주 상인들이 청나라와의 무역을 이끌어 갔지.

조선 전기에는 사무역이 금지되어 중국과의 무역은 조공 형식의 사절단 무역인 공무역이었어. 그러다가 17세기 이후 우리나라에 상업이 발달하고 상평통보 등의 화폐가 전국적으로 통용되면서 의주 상인들에 의한 중국과의 무역이 활발하게 이루어졌지.

가장 먼저 이루어진 것은 국경 지방에서 두 나라 상인들이 물품을 사고파는 개시 무역이었어. 선조 26년(1593년)부터 광해군 1년(1609년) 사이에 압록강의 중강에서 무역 시장을 열었어. 이때 조선은 인삼·수달 가죽 등을 팔고 명나라에서 곡식·노새·나귀 등을 샀어. 그 후 중강 개시는 한동안 중단되었다가 인조 24년(1646년) 청나라와의 사이에 무역 시장이 열렸어. 일 년에 한두 번씩 관무역으로 행해졌는데, 나중에는 사적인 무역으로 바뀌어 '후시'라고 했지.

의주 상인들은 사신 일행이 중국으로 떠날 때 은과 인삼을 챙겨 몰래 그 일행에 끼어들었어. 그러고는 의주에서 압록강을 건너 사흘이면 닿는 책문에 갔어.

책문은 청나라로 들어가는 국경 관문인데, 청나라 상인들이 비단·면화·면포 등 중국 상품들을 잔뜩 싣고 모여들었어. 의주 상인들은 이들과 교역을 했는데 이것이 바로 '책문 후시'야.

의주 상인들은 '여마(여분의 말)'라고 하여 사신 일행이 의주에서 책문까지 오는 동안 말이 부상 입을 것에 대비해 십여 마리의 말을 더 보내는 제도도 상품을 옮기는 데 이용했어. 상인들이 '여마'라는 핑계를 대고 짐을 잔뜩 실은 1천여 필을 끌고 가서는 교역을 끝낸 뒤 중국 상품들을 싣고 의주로 돌아오는 거야.

의주 상인들은 '연복법'이라고 하여, 중국 북경에서 돌아오는 사신 일행의 짐을 운반하려고 의주에서 책문으로 말을 보내는 제도도 장사에 이용했어.

그들은 말에 상품을 잔뜩 싣고 책문으로 가서 청나라 상인들과 무역을 하고는 중국 상품을 싣고 의주로 돌아왔지. 물론 사신 일행의 짐이라고 하여 세금 한 푼 내지 않았어.

의주 상인들은 청나라로 가는 사신 일행에 참여하기 위해 무진 애를 썼어. 사신과 그 수행원들에게는 사무역이 허용되기 때문에 북경에 가면 일확천금을 거머쥘 수 있었어. 따라서 의주 상인들은 호위군관, 마부, 하인 자리라도 얻으려고 역관들에게 뇌물을 쓰기도 했단다.

북경에 도착하면 사신 일행은 회동관에 묵었는데, 그 마당에서는 '회동관 개시'가 열렸어. 북경의 점포 상인들이 중국 상품을 싣고 오면 청나라 예부 관원의 감독 하에 조선 역관과 상인들은 그들과 교역을 했지. 이때 청나라 상인들이 다투어 구입한 것은 고려 인삼이었어. 특히 18세기 이후부터는 홍삼에 대한 인기가 높아서 그 수출량은 해를 거듭할수록 늘었어.

의주 상인들은 중국과의 무역을 도맡아 하고 있지만, 개성상인들과 손잡고 무역 활동을 했어. 의주 상인들이 중국에서 상품을 사 오면 개성상인들은 그것을 국내에 팔았어. 개성상인들은 전국 각지에 지점인 '송방'이 있었기 때문이야. 반대로 인삼·가죽·종이·면화 등 국내 상품을 중국에 수출할 때는 개성상인들이 그 상품을 모아 주고 판매는 의주 상인들이 맡았지.

그러나 의주 상인들은 고종 13년(1876년), 개항 후 외국 자본에 밀려 점차 사라져 갔단다.

의주 상인들 가운데 가장 유명한 사람은 임상옥이야. 그는 청나라와 인삼 무역을 하여 부자가 되었는데, 얼마나 많은 재산을 가졌는지 그의 집에서 회계 일을 하는 사람만 해도 일흔 명이 넘었어.

임상옥이 사신 일행을 따라 청나라 북경으로 인삼을 팔러 갔을 때는 이런 일이 있었단다.

순조 21년(1821년)의 일이야. 청나라 북경으로 인삼을 팔러 간 임상옥을 비롯한 조선의 상인들이 묵는 곳은 회동관이었어. 조선의 상인들이 북경에 도착했다는 소식이 전해지자 청나라 상인들이 회동관으로 모여들었지.

"임 대인, 이번에도 좋은 인삼을 가지고 오셨지요? 값은 한 근에 얼마요?"

"예, 최상품 인삼을 가져와서 한 근에 40냥을 받아야겠소."

"뭐, 뭐라고요?"

청나라 상인들은 놀라는 표정을 지었어. 이제까지는 인삼 한 근에 25냥이었는데 40냥을 받겠다고 해서였지.

"너무 비싸지 않소? 그냥 예전대로 25냥에 주시오."

"그렇게는 못 팔겠소. 최상품 인삼을 가져왔다고 하지 않았소?"

임상옥이 거절하자 청나라 상인들은 입맛을 다시며 회동관에서 나왔어.

"너무하지 않아? 한 근에 15냥이나 더 올려 받겠다고 하니 말이야."

"이번에 본때를 보여 주자고. 아무도 인삼을 사지 않는 거야. 그러면 임상옥도 우리한테 인삼을 사 달라고 사정하며 값을 낮추지 않겠어?"

"하하, 그래. 우리가 계속 버틴다면 임상옥도 헐값에 인삼을 팔 수밖에 없겠지."

청나라 상인들은 조선 상인들에게 인삼을 사지 않기로 했어. 그 뒤부터 회동관 근처에는 얼씬도 하지 않았지. 조선 상인들은 사신들이 돌아갈 때 함께 북경을 떠나야 해. 북경을 떠날 날짜가 가까워 오는데 인삼 한 뿌리 팔지 못하자 조선 상인들 얼굴이 하얗게 되었지.

"인삼을 팔려고 잔뜩 실어 왔는데 도로 가져갈 수야 없지 않습니까? 값을 낮추어서라도 인삼을 팔도록 하지요."

상인들은 애가 타서 임상옥에게 청했어. 그러나 임상옥은 고개를 가로저었어.

"그렇게 할 수 없소. 내게 생각이 있으니 조금만 참고 기다리시오. 청나라 상인들도 인삼 때문에 빚까지 얻었으니 사야만 할 거요. 안 그러면 큰 손해를 볼 테니까."

드디어 조선 사신이 떠나야 할 날이 되었어. 임상옥은 아침에 종들을 불러 명령했지.

"너희들은 창고에서 인삼 꾸러미를 모두 꺼내어 마당에 쌓아 놓아라."

종들은 임상옥이 시키는 대로 창고에서 인삼 꾸러미를 꺼내어 마당에 쌓아 놓았어. 그러자 임상옥은 인삼 더미에 불을 붙여 태우기 시작했지.

한편, 청나라 상인들은 사람을 보내 임상옥의 동정을 살피고 있었어. 임상옥이 인삼을 태운다는 소식을 전하자 그들은 기겁을 하여 회동관으로 달려왔어.

"왜 이러시오? 귀한 인삼을 태워 버리다니!"

청나라 상인들은 임상옥을 만류했어. 그러나 임상옥은 아무렇지 않은 듯 말했어.

"귀한 인삼을 다들 몰라보니 태워 없애야지요."

"진정하시오. 인삼은 우리가 모두 살 테니 제발 불을 끄시오. 값은 당신이 원하는 대로 주겠소."

이렇게 해서 청나라 상인들은 임상옥에게 백기를 들었어. 임상옥은 그들에게 큰 배짱을 부려 열 배나 비싸게 인삼을 팔 수 있었단다. 청나라 상인들은 임상옥을 곯려 주려다가 오히려 손해를 본 셈이었지.

"임상옥은 인삼을 팔아 번 돈을, 어려운 사람들을 돕는 일에 썼다면서요?"

임상옥은 인삼 무역을 하여 조선 최고의 부자가 되었지만 좋은 일에 아낌없이 돈을 썼어. 그는 많은 돈을 들여 다리를 놓았으며, 산성 수비에 쓰라고 1천 석의 쌀을 내놓았어. 또한 나라에 흉년이 들 때마다 창고 문을 열어 굶주리는 백성들에게 아낌없이 곡식을 나누어 주었지. 임상옥이 의주 땅에서 가난한 백성들을 구하는 데만 해도 수만 냥을 썼다고 해.

임상옥에 대한 소문은 순조에게까지 전해졌어.

"임상옥이라는 부자가 백성들을 구하는 일에 앞장섰다고? 참으로 의로운 부자로구나. 그런 사람에게 고을을 맡긴다면 얼마나 잘 다스리겠느냐? 그를 곽산 군수로 임명한다."

순조 32년(1832년), 임상옥은 곽산 군수가 되었어. 그는 임금이 예상한 대로 백성들을 위해 선정을 베풀었지. 보릿고개 때는 백성들에게 양식을 나누어 주었으며 쌀 증산을 위해 농사 기술을 가르쳐 주었어.

순조 34년(1834년) 7월, 의주 고을에 큰 홍수가 일어났어. 1,737호의 집이 물에 떠내려가거나 무너졌으며, 파수막(경계하여 지키는 일을 하기 위하여 만든 막)도 45막이나 물에 떠내려갔어. 물에 빠져 목숨을 잃은 사람이 열여섯 명, 수재민이 수천 명에 이르렀지.

임상옥은 고향 사람들이 겪는 고통을 외면할 수 없었어. 그는 여느 때와 마찬가지로 창고 문을 열어 백성들에게 곡식을 나누어 주고, 옷과 생활필수품을 구해 주었단다.
임상옥의 선행은 또다시 대궐에까지 알려졌어.
"참으로 훌륭한 수령이로구나. 자기 재산을 털어 수해를 당한 고향 사람들을 구제하다니."
순조는 임상옥을 칭찬하며 구성 부사에 임명했어.
그러나 임상옥은 곽산 군수보다 높은 벼슬인 구성 부사를 계속 맡을 수 없었어.
"천한 상민을 부사에 임명한 것은 옳지 않은 일입니다. 임상옥을 벼슬에서 물러나게 해야 합니다."
이런 내용의 상소가 조정에 올라오자 임상옥은 스스로 벼슬을 그만두었지.
그 뒤 임상옥은 가난한 백성들을 도와주면서 시를 지으며 여생을 보냈어. 그의 시 가운데 '재상평여수(財上平如水) 인중직사형(人中直似衡)'이라는 구절이 있어. 그것은 '재물은 평등하기가 물과 같고, 사람은 바르기가 저울과 같다.'는 뜻이야. 평생 장사를 하며 깨달은 교훈을 담고 있지.
임상옥은 1855년(철종 6년) 5월 29일, 일흔일곱 살에 조용히 세상을 떠났단다.

06

감자는 어떻게
우리나라에 전해졌을까?

홍명희의 대하소설 『임꺽정』에는 주인공 임꺽정이 백두산에 올라갔다가 그곳 주민의 집에서 삶은 감자를 대접받는 이야기가 나오지. 임꺽정은 조선 명종 때 사람인데, 당시에 사람들이 감자를 먹을 수 있었을까? 감자가 우리나라에 들어온 것은 그로부터 한참 뒤의 일이었거든.

그렇다면 감자는 우리나라에 언제쯤 들어왔을까? 실학자 이규경이 쓴 『오주연문장전산고』에 의하면, 순조 24년(1824년)과 25년 사이에 함경도 명천에 사는 김 아무개라는 관상쟁이가 중국 연경에 갔다가 감자를 처음 가져왔대.

또 다른 이야기는, 산삼을 캐러 몰래 조선 땅으로 들어온 청나라 사람들이 감자를 가져왔다는 거야. 이들은 산삼을 캐기 위해 산속에 숨어 살았는데 끼니를 때우려고 감자를 재배했대. 그런데 이들이 돌아간 뒤 남겨진 감자를 조선 농민 한 사람이 발견했어. 농민은 감자를 가져와 밭에 심었어. 그랬더니 크게 번식했다는 거야. 삶아 먹어 보니 맛도 좋고 배가 불러서 좋은 양식이 되었지. 그 뒤 청나라 상인에게 물어보니 그것이 '북방 감저'라는 거야. 감자는 '북저'로 불리며 널리 퍼졌대.

감자가 널리 퍼지게 된 데는 또 이런 이야기가 있어.

감자 보급을 위해 앞장선 사람은 함경도 무산의 수령인 이형재야. 그는 감자가 좋은 양식임을 알고 널리 재배하려고 했어. 우선 씨감자를 모으기 시작했지. 하지만 이 일은 쉽지 않았어. 백성들이 감자 재배를 숨기며 씨감자를 내놓지 않았거든.

당시에 나라에서는 감자 재배 금지령을 내리고 있었단다. 백성들이 쌀이나 보리는 재배하지 않고 감자만 재배하려 했기 때문이야. 감자는 세금으로 나라에 빼앗길 염려가 없고 번식이 잘 되어 수확이 많았거든. 그러다 보니 세금으로 거두어들일 쌀이나 보리가 줄어들까 봐 감자 재배를 금했던 거지.

이형재는 많은 소금을 구해 와 백성들을 설득했어.

"북저 재배를 한다고 절대로 처벌하지 않겠다. 북저 값으로 이 소금을 줄 테니 내가 구하는 것을 내놓아라."

당시에 소금은 비싼 값에 거래되었어. 백성들은 소금을 받고 씨감자를 내놓았지. 그리하여 이형재는 감자를 널리 퍼뜨릴 수 있었단다. 당시 함경도와 강원도에 기근이 들어 이형재가 재배한 감자 덕분에 위기를 넘길 수 있었다는구나.

감자는 영국인 선교사에 의해 우리나라에 전해졌다는 이야기도 있어. 순조 32년(1832년), 영국인 선교사 귀츠라프가 서해안 안면도 아래에 있는 고대도에 상선을 타고 와서 감자 재배법을 알려 주었다는 거야. 그런데 그로부터 30년 뒤 김창한이란 사람은 자신의 아버지가 선교사에게 씨감자를 받아 재배법을 배운 뒤 감자 보급에 나섰다며 그 내용을 『원저보』라는 책에 자세히 썼어. 그 뒤 감자는 수십 년 만에 전국 각지에 퍼졌으며, 양주·원주·철원 등에 대기근이 있을 때 많은 가난한 사람들을 굶주림에서 구했단다.

감자는 원산지가
안데스산맥의 고산 지대라고요?

감자는 가짓과에 속하는 여러해살이풀이야. 한자로는 '북저(北藷)'·'토감저(土甘藷)'·'양저(洋藷)'·'지저(地藷)'라고 하며 방언으로는 '하지감자'·'디과'라고 해. 세계적으로 중요한 식용 작물 가운데 하나로, 땅속줄기의 끝부분이 부풀어 올라 모양과 크기가 다양한 덩이줄기를 이룬단다. 그러면 이것을 캐서 식용을 하는 거야.

감자는 3월 말부터 4월 말에 걸쳐 심는데 서늘한 기후에 잘 자라. 품종에 따라 90~130일이면 다 자라기 때문에 6월 말에서 9월 초에 걸쳐 거두어들이지.

감자는 당분이 적지만 고구마보다 단백질이 많단다. 그래서 삶아서 주식 또는 간식으로 먹고, 굽거나 기름에 튀겨 먹기도 해. 감자를 이용한 음식으로는 감자밥·감자수제비·감자범벅·감자조림·감자부침개·감자떡·감자경단 등이 있어.

감자의 원산지는 페루와 볼리비아의 국경 지역에 있는 안데스산맥의 고산 지대야. 남아메리카 원주민들 사이에서 오랫동안 재배되어 오다가, 이 지역을 침공한 스페인 사람들에 의해 유럽에 전해졌어. 1532년경 항해 중인 스페인 사람들의 비상식량으로 처음 배 안에 들여온 것이 그 시초라고 해.

그 뒤 감자는 아시아에도 전해져서 인도에는 16세기 말에, 중국에는 18세기 이전에 전해졌단다.

07

역사의 현장을 지켜본
서울 재동의 백송

　　서울 재동의 백송은 서울시 종로구 재동에 있는 백송이야. 천연기념물 제8호로 지정하여 보호하고 있지. 1990년에 우리나라에서 가장 큰 백송으로 알려진 서울 통의동의 백송이 태풍으로 죽어 버려, 현재는 이 백송이 우리나라에서 가장 크고 오래된 백송으로 전해지고 있단다.

　　서울 재동의 백송은 헌법 재판소 안에 있는데 나이는 6백 살쯤으로 보고 있어. 나무 높이 17미터, 뿌리 부분 둘레가 3.82미터이며 가지 뻗음은 동서 13미터, 남북 14미터쯤에 이르지.

　　이 백송은 오랜 세월 역사의 현장을 지켜본 나무로도 유명해. 백송은 지금 헌법 재판소 안에 있지만 그 터는 조선 시대 영조 때 조상경 판서가 살았던 집이야.

그곳에서는 풍양 조씨 집안이 대대로 살았는데, 그 집안은 판서를 아홉 명이나 배출한 명문 집안이었지.

서울 재동의 백송은 그 밑동이 유독 희게 보이면 좋은 일이 일어날 징조로 여겼다고 해. 헌종 때 이 백송의 껍질이 유난히 희게 보였는데, 당시에 풍양 조씨 집안이 세력을 떨쳤단다. 하지만 철종이 임금 자리에 올라 안동 김씨 집안이 득세하면서 백송은 흰빛을 잃어 갔지.

신정 왕후(조 대비)는 헌종의 어머니였어. 1863년 철종이 세상을 뜨자 흥선 대원군 이하응의 둘째 아들(고종)에게 철종의 뒤를 잇게 했지. 그 전에 이하응은 신정 왕후의 친정집을 드나들면서

서울 재동의 백송

이곳에 있는 백송 밑동의 껍질이 아주 희게 보여 자신의 뜻이 이루어질 줄 알았다고 해.

그 뒤 풍양 조씨의 재동 집은 개화파 지도자인 박규수에게 넘어갔어. 박규수는 연암 박지원의 손자로, 조선 후기 문신이자 개화 사상가야. 그는 백송이 지켜보는 가운데 김옥균 등 개화파 사람들과 머리를 맞대고 나라의 앞날을 의논했지.

백송 집은 박규수의 집에서 경기여고, 창덕여고를 거쳐 헌법 재판소가 들어섰어. 그리하여 오늘날에는 현대사의 현장을 지켜보고 있지. 2004년 5월에는 현직 대통령 탄핵 심판에 대한 판결을, 그해 10월에는 신행정 수도 이전 특별법에 대한 위헌 판결을 지켜보았단다.

백송은 우리나라에서 흔히 볼 수 없는 소나무야. 중국이 원산지로 중국을 다녀온 사신이 어린 묘목을 가져다 심은 것이지. 나무껍질이 흰빛을 띠어 '백송'이라 하는데, 잔뿌리가 없어서 옮겨 심기가 어렵다고 해. 이처럼 기르기가 까다로워서 그리 흔하지 않은 거란다.

백송은 희귀한 소나무라는 점과 중국과의 문화 교류를 알려 주는 역사 자료로 그 가치가 높아. 그래서 크고 오래된 나무는 천연기념물로 지정하여 보호하고 있단다.

천연기념물로 유명한 백송으로는 서울 재동의 백송을 비롯하여 서울 조계사 백송(천연기념물 제9호), 고양 송포 백송(천연기념물 제60호), 예산 용궁리 백송(천연기념물 제106호) 등이 있어.

추사 김정희는 어떻게 백송을 고향 예산에 심었을까요?

조선의 대학자인 추사 김정희는 스물네 살 때인 순조 9년(1809년), 아버지 김노경을 따라 중국 청나라 연경에 가게 되었어. 김노경은 동짓달에 인사차 파견하는 동지 부사로 뽑혔거든.

김정희는 연경에서 흔한 백송을 보고 그 나무에게서 눈을 떼지 못했어. 그는 어린 시절 백송을 보며 자랐거든. 증조할아버지 김한신이 영조에게 하사를 받은 월성위궁 정원에는 백송 한 그루가 있었지. 그 백송이 바로 서울 통의동의 백송이야. 김정희는 자신이 살던 집에서 보던 백송을 다시 보게 되었으니 얼마나 반가웠겠니?

그는 백송의 씨앗을 구해서 고국으로 돌아와, 고향 예산에 있는 고조할아버지 김흥경의 묘소 앞에 심었어. 그 나무가 바로 '예산 용궁리 백송'이지.

이 나무는 현재 2백 살이 넘었는데, 천연기념물 제106호로 지정되어 보호하고 있단다.

예산 용궁리 백송

08

한양에서 쌀 폭동은 왜 일어났을까?

순조 33년(1833년) 2월 중순의 어느 날이었어. 동막 여객 주인인 김재순은 강가에 쌓아 둔 쌀가마를 바라보면서 긴 한숨을 내쉬었어.

"후유, 여기저기서 돈을 빌려 쌀을 잔뜩 샀는데, 쌀값이 오르지 않고 떨어지니 어쩌면 좋지?"

김재순은 경강(한강) 지역에서 활동하는 경강상인이었어. 그는 강변에 여객을 세워 상인들을 숙박시키고 물건을 위탁 판매하는 일을 하고 있었지.

그가 큰돈을 벌 수 있었던 것은 대규모로 쌀장사를 하기 때문이었어. 쌀을 잔뜩 사들여 쟁여 두었다가 값이 오르면 내다 팔았거든.

당시에 한양은 인구가 20만 명에 이르는 큰 도시였어. 한양 사람들은 싸전에서 쌀을 사다 먹었지. 한양에서 소비되는 쌀의 양이 워낙 많았기 때문에 쌀값이 껑충 뛰면 쌀을 많이 사들인 경강상인들은 막대한 이익을 얻을 수 있었어.

순조 32년(1832년)에는 나라 전체가 흉년을 겪었는데 특히 서울에서 가까운 경기 지역은 그 피해가 매우 컸어.

나라에서는 쌀 공급을 원활하게 하기 위해 해가 바뀌자 지방에서 한양으로 쌀을 많이 올려 보냈단다. 그러다 보니 어느 해보다 쌀이 풍부하여 2월 10일부터 13일 사이에 쌀값이 떨어지기 시작했지.

'어떻게 하면 쌀값을 올릴 수 있을까? 그래, 그 방법밖에 없어. 한양 도성에 쌀을 일체 들이지 않는 거야. 쌀을 구하기 힘들어지면 쌀값은 자연히 오르겠지.'

김재순은 한양 도성에 쌀을 공급하는 경강상인들과 싸전 상인들을 만나 이렇게 말했어.

"쌀값이 떨어져서 걱정이지요? 우리가 함께 힘을 합쳐 쌀값을 올려 봅시다."

"쌀값을 올릴 수 있다고요?"

"그럼요, 방법이 있지요."

"좋습니다. 우리도 이번 기회에 한밑천 챙겨야지요."

경강상인들과 싸전 상인들은 '쌀값 올리기' 작전에 들어갔단다.

2월 20일부터는 한양 도성 안에 쌀 한 톨 들여보내지 않은 거야.

경강상인들은 쌀을 팔지 않고 감춰 두었지. 쌀을 취급하는 십여 개의 여객 가운데 하나씩 돌아가며 쌀을 팔도록 했어. 나머지 여객들은 모두 가게 문을 닫았지.

그러자 쌀값은 오르기 시작했어. 점점 치솟더니 3월 6일과 7일에 쌀값이 두 배로 뛰어올랐어.

3월 8일에는 한양의 모든 싸전들이 문을 닫았어. 이제는 돈이 있어도 쌀을 살 수 없는 지경에 이른 거야.

한양 도성에는 쌀을 조금씩 사다 먹는 가난한 백성들이 많았어. 쌀값이 두 배로 치솟는 데다 돈이 있어도 쌀을 사지 못하게 되자 그들의 분노는 하늘을 찔렀지.

"쌀독에 쌀 한 톨 없어. 쌀을 구하지 못해 온 가족이 굶어 죽게 되었다고."

"그놈들이 사람이야? 쌀값을 올리려고 그따위 농간을 부려?"

"용서할 수 없어! 요절을 내 버리자!"

"다 태워 버리자!"

순조 33년(1833년) 3월 8일, 김광헌·고억철·홍진길·강춘득 등 가난한 백성들은 쌀값이 크게 오르고 쌀을 구하기 어려워지자 폭동을 일으켰어.

이들은 무리를 이루어 시장과 거리를 휩쓸면서 싸전을 부수고

불을 질렀어. 한강변으로 몰려가 경강상인들이 쌀을 몰래 쌓아 둔 창고를 열다섯 채 이상 불태웠지.

쌀 폭동은 군졸들이 출동한 뒤에야 겨우 진압되었어. 이 사건으로 쉰두 명이 붙잡혀 김광헌·고억철·홍진길·강춘득 등 일곱 명이 처형되고 열한 명이 유배형을 받았지.

쌀 폭동의 책임을 물어 경강상인 김재순과 싸전 상인 정종근이 처형되고 싸전 상인 두 명이 유배형을 받았을 뿐, 쌀 폭동의 원인을 제공한 나머지 경강상인들은 처벌받지 않았어. 그것은 경강상인들이 권력과 손을 잡고 막대한 이익을 얻기 때문이었지.

경강상인들은 어떻게
부자가 될 수 있었나요?

경강상인은 조선 후기에 경강(한강) 지역을 중심으로 활동한 상인으로, '강상'이라고 불렀지.

18세기에 경강 지역은 상업 활동이 매우 활발했어. 경강은 조세로 거두어들인 곡물의 집산지이자 생선·소금·목재 등 온갖 물품들이 들어오는 곳이었기 때문이야.

조선 전기에 경강에는 행인들을 건네주는 나룻배 사공들이 있었는데, 이들은 주막 주인까지 겸했어. 조선 후기에 와서는 배를 여러 척 사서 정부가 조세로 거두어들인 곡물과 양반층의 소작료를 배로 운반해 주는 일을 했지. 경강상인들은 이러한 활동으로 부를 축적할 수 있었단다.

경강상인들이 부자가 될 수 있었던 것은 '도고 상업'을 했기 때문이야. 도고 상업이란 상품을 미리 사서 창고에 잔뜩 쌓아 놓았다가 값이 껑충 뛰면 그제야 내다 파는 거야. 이를 '매점매석'이라 하는데, 조선 후기에는 이런 부정행위가 많이 이루어졌지.

경강상인들은 배를 이용하여 전국을 무대로 장사를 하기 때문에 아무래도 정보가 빨랐어. 어느 지방에 갔는데 다른 지방보다 곡물값이 싸면 한꺼번에 그 곡물을 사들였어. 그러고는 곡물을 배에 싣고 다니다가 곡물값이 비싼 지역이 있으면 얼른 팔아 버렸지. 경강상인들은 곡물·어물·소금·목재·땔감·얼음 등을 주로 취급했어.

09

순무김치를 좋아한 '강화 도령' 철종

조선 제24대 헌종이 아들도 없이 세상을 떠나자 조선 왕실에는 대를 이어 왕위에 오를 사람이 없었어. 그럴 때는 임금과 가까운 친척을 양아들로 삼아 왕위를 물려주거든. 하지만 양아들로 삼을 만한 사람이 가까운 친척 중에 없었어.

조정 대신들은 순조의 왕비인 순원 왕후와 함께 누구를 임금으로 세울까 회의를 했어. 그 자리에서 영의정인 정원용이 말했어.

"은언군의 손자인 이원범이 강화도에 살고 있지 않습니까? 이원범을 순조 대왕의 양아들로 삼아 왕위를 물려주는 것이 어떻겠습니까?"

열아홉 살인 이원범은 정조의 이복동생인 은언군의 손자였어. 그런데 이원범의 집안 어른들이 역적으로 몰려 죽자, 이원범은 강화도로 쫓겨나 농사를 지으며 살았어. 사람들은 그를 '강화 도령'이라고 불렀지.

"좋습니다. 은언군의 손자인 이원범을 임금으로 모시도록 하지요."

순원 왕후와 조정 대신들은 강화 도령 이원범을 임금으로 모시기로 결정했어. 그리하여 정원용 대감이 5백여 명의 관원들을 거느리고 강화도로 내려갔어.

이때 강화 도령은 갑자기 많은 사람들이 몰려오는 것을 보고 겁을 집어먹었어. 자기를 잡으러 온 줄 알고 달아나려고 했어. 그때 정원용이 강화 도령 앞에 무릎을 꿇고 말했지.

"저희들은 강화 도령님을 새로운 임금으로 모시고자 왔습니다. 잡아가는 것이 아니니 걱정 마시고 저희들과 함께 가시지요."

"예? 나를 임금으로 삼는다고요? 어떻게 이런 일이……?"

강화 도령은 믿어지지 않는 듯 어리둥절한 표정을 지으며 가마를 타고 궁궐로 향했어. 이리하여 농부로 살다가 하루아침에 왕위에 오른 사람이 바로 철종 임금이야.

철종은 열아홉 살에 임금이 되었지만 글을 배우지 못해 아는 것이라고는 농사일밖에 없었어. 할 수 없이 순원 왕후가 철종을 대신하여 수렴청정을 했지.

2년 뒤에는 안동 김씨 김문근의 딸을 왕비로 들였어. 순조·헌종·철종이 모두 안동 김씨 출신 왕비를 맞이했으니 안동 김씨의 권세는 하늘을 찌를 듯했어.

　3년 뒤인 철종 3년(1852년)에 친정을 시작했으나 철종은 허수아비 왕일 따름이었어. 김문근을 비롯한 안동 김씨 세력이 권력을 독차지하여 스스로 할 수 있는 일이 아무것도 없었어. 철종은 자신의 뜻대로 관리를 임명할 수도 없었지.

조정의 중요한 자리는 모두 안동 김씨 세력이 맡았어. 이들은 뇌물을 받고 벼슬을 팔았으며, 온갖 부정부패를 저질렀지. 따라서 국정이 문란해지고 백성들의 삶은 더욱 곤궁해졌단다.

　이름뿐인 왕 철종은 세도 정치의 벽에 갇혀 좌절감에 젖어 지냈어. 그는 답답하다며 술독에 빠져 살았지. 그가 즐겨 마신 술은 막걸리였어. 강화 도령 시절 먹었던 막걸리 맛을 잊지 못해 막걸리만 찾았다고 해.

　철종은 "강화도가 좋았다."고 입버릇처럼 말했어. 돌아갈 수 있다면 그 시절로 돌아가고 싶었는지, 그가 찾는 것은 강화도 시절 맛보았던 음식이었지. 그중에서도 그가 간절히 찾았던 음식은 강화도의 별미인 순무김치였어. 철종은 가슴 답답증에 시달렸는데, 순무김치를 먹고 나면 그 증세가 나아졌다고 해.

　순무김치로 답답증을 달래던 철종은 왕위에 오른 지 14년 만인 1863년, 서른세 살의 젊은 나이로 병을 얻어 세상을 뜨고 말았단다.

철종이 좋아한 순무김치는 강화무로 만든 김치라면서요?

순무는 양귀비목 배추과의 두해살이풀이야. 뿌리와 잎을 먹기 위해 재배하는 채소이지. 겉으로 보아서는 뿌리가 무와 거의 똑같아 무라고 불리지만, 실제로 이 채소는 배추로 분류되고 있어.

둥글게 생긴 뿌리는 지름 5~8센티미터, 무게 225~450그램 정도로 자라며, 김치를 담가 먹거나 삶아서 갈아 소스로 사용해. 그리고 잎은 샐러드·수프·스튜 등의 음식에 넣어 먹지.

순무의 원산지는 유럽과 시베리아 온대 지역이야. 고대 그리스나 로마에서 순무를 재배했으며, 유럽 북부 지역으로 퍼져 나갔어. 중국에는 2천 년 전에 전해졌고, 우리나라는 삼국 시대부터 순무를 재배했을 것으로 추정하고 있어.

고려 시대에 발간된 『향약구급방』에는 순무로 보이는 만청 또는 무청에 대한 기록이 있어. 그리고 고려 시대 문인인 이규보의 시 중에는 순무가 등장하는 시가 있어.

간장으로 한여름을 지낸다지만
소금에 담근 순무는 겨우내 먹을 수 있네.
뿌리는 땅속 깊이 커다라니
서리 내린 후 자르면 배 맛과 같다네.

우리나라에서 순무는 경기도 강화에서 많이 재배되고 있어. 그래서 순무를 '강화무'라고 부르기도 해.

'강화 도령'으로 유명한 철종은 강화도에서 살다가 임금이 되었는데, 강화무로 만든 순무김치를 잊지 못했어. 대궐 안의 음식을 만들던 소주방에서는 철종을 위해 순무김치를 만들어 바쳤다고 해.

지금의 강화순무는 재래종 강화무와 영국에서 들여온 순무를 교잡하여 만든 품종이야.

1883년 영국과 통상 조약을 체결한 고종은 1893년 영국 정부에 해군 장교를 보내 달라고 청했어. 영국과 같은 해양 강국을 꿈꾸며 강화도 갑곶진 근처에 해군 양성소인 통제영학당을 세웠는데, 훈련생들을 가르칠 훈련 교관이 필요했거든. 그때 강화도로 온 영국 해군의 콜웰 대위는 관사 텃밭에 영국에서 가져온 순무 씨앗을 뿌렸어. 이 순무는 보라색 순무였지. 그 뒤 이 보라색 순무와 흰색의 재래종 강화무가 만나 오늘날의 강화순무가 태어났다는구나.

10

진주 민란은 곡식을 농민에게 꾸어 주는 환곡 때문에 일어났다?

철종 12년(1861년) 겨울, 홍병원이 진주 목사로 부임해 왔어. 홍병원은 관아에서 관리하는 환곡의 보유 실태를 조사해 보았어. 그런데 장부상에는 4만여 석의 환곡이 있었지만 창고에는 보관 중인 환곡이 거의 없었어. 진주 고을의 전임 수령과 아전들이 이를 횡령했기 때문이었지.

환곡은 춘궁기에 농민들에게 꾸어 주고 가을에 싼 이자를 붙여 돌려받던 곡식이었어. 환곡 제도를 만든 것은 가난한 농민들을 구제하기 위해서였지. 하지만 이 제도는 국가의 재정 수입을 늘리기 위해 백성들을 수탈하는 제도로 변질되어 갔어. 환곡을 빌리면 그 10분의 1을 이자로 갚아야 하는데 그 이자를 '모곡'이라고 하지. 모곡은 점점 늘어나 10분의 5에 이르렀어. 게다가 수령과 아전들이 농간을 부려 양을 늘리려고 모래나 겨를 섞은 곡식을 빌려주고, 받을 때는 좋은 쌀에 높은 이자를 챙기니 농민들은 곡식을 빌리려 하지 않았지. 차라리 굶어 죽을지언정 말이야. 그러자 관아에서는 백성들에게 강제로 곡식을 빌려주었지. 이래저래 피해를 입는 것은 힘없는 백성들이었어.

조선 말기에는 매관매직이 성행하면서 고을 수령들 중에는 벼슬을 돈 주고 산 사람들이 많았어. 그러다 보니 본전을 뽑고 더 좋은 벼슬을 사기 위해 그들은 수단과 방법을 가리지 않고 수탈을 일삼았어. 진주 고을에 환곡이 남아 있지 않은 것도 그런 탐관오리들의 부정 때문이었지.

홍병원은 창고에 환곡을 채울 방법을 궁리했어. 본래 환곡은 30퍼센트는 창고에 보관하고 나머지 70퍼센트는 농민들에게 꾸어 주도록 되어 있었거든.

'환곡을 채울 방법은 한 가지뿐이야. 백성들에게 토지에 대한 세를 부과하는 수밖에……'

홍병원은 향회를 소집하여 토지 한 결당 6냥 5전씩 부과하기로 결정했어. 그 이전에는 토지 한 결당 2냥 5전이었으니 터무니없이 높은 세금이었지. 이때가 철종 12년(1861년)이었어.

그즈음 경상 우병사 백낙신은 진주 고을에서 토지에 대한 세를 부과하기로 결정한 것을 보고 혼자 생각했어.

'우리 경상 우병영에도 창고에 환곡 2만여 석이 부족하단 말이야. 2만여 석이라면 6만 냥어치인데, 집집마다 나누어 물도록 해야겠어.'

환곡 2만여 석은 백낙신이 횡령한 곡식이었어. 그런데 그는 이듬해 1월, 이를 메우기 위해 백성들에게 환곡 6만 냥어치를 나누어 물도록 결정한 거야. 진주 고을 백성들은 분노를 감추지 못했어.

"탐관오리들이 횡령한 곡식을 백성들이 물어내라고?"

"말도 안 돼! 그들의 요구를 따를 수 없어!"

"더 이상 못 참겠어! 우리 힘으로 그들을 몰아내자!"

2월 14일, 유계춘·김수만·이귀재 등 진주 고을에 사는 농민들은 반란을 일으켰어. 이들은 머리에 하얀 수건을 두르고 손에는 몽둥이를 쥐고 있었지.

덕산 장터에 모인 농민들은 소작인들을 착취한 악질 지주들의 집을 공격했어. 강제로 세금을 뜯어 가던 탐욕스러운 아전들의 집을 때려 부수고 불을 질렀지.

군중은 수만 명으로 불어났어. 그들은 마침내 진주성 밑에 도착했지. 농민들의 기세에 놀란 진주 목사 홍병원과 경상 우병사 백낙신은 농민들이 원하는 대로 해 주겠다고 약속했어. 다시는 농민들을 착취하지 않을 것이며 빼앗긴 재산을 돌려주겠다고 한 거야. 이에 농민들은 2월 23일에 스스로 해산하여 집으로 돌아갔지. 진주에서 일어난 이 봉기가 바로 진주 민란이야.

진주에서 시작된 농민들의 봉기는 들불처럼 삼남 일대로 퍼져 나갔어. 3월에는 경상도 함양·성주, 전라도 익산·능주·무주·영광·장수, 4월에는 경상도 밀양·울산·개령·인동·선산, 전라도 함평, 5월에는 충청도 은진·공주·회덕·청주 등에서 민란이 일어났단다.

1860년대의 농민 봉기는
삼정 문란 때문에 일어났다면서요?

철종 13년(1862년) 한 해 동안 일어난 민란은 진주 민란을 비롯하여 37회에 이르렀어. 농민들이 일으킨 이들 민란은 그 원인이 전정·군정·환곡의 삼정 문란에 있었지. 삼정 문란으로 농민들이 수령이나 아전들의 횡포와 착취에 시달렸기 때문이야.

삼정은 토지에 부과하는 세금인 전정, 열여섯 살에서 예순 살까지 남자의 병역 의무를 면제해 주는 대신 군포를 징수하는 군정, 춘궁기에 쌀을 꾸어 주었다가 가을에 이자를 붙여 돌려받는 환곡을 말하지. 삼정을 운영하는 지방 수령이나 아전들은 부패가 심해지면서 온갖 수법으로 백성들에게 100여 종이 넘는 세목을 매겨 세금을 뜯어냈단다.

그중에서도 환곡은 고리대로 변해 버려 농민들을 심하게 수탈했어. 농민들에게 강제로 환곡을 떠안겨 비싼 이자를 받는가 하면, 모래나 겨를 섞은 곡식을 빌려 주고 받을 때는 좋은 곡식을 챙겼지. 환곡 횡령도 늘어나 창고는 곡식이 점점 줄어들었어.

군정의 피해도 아주 극심했는데, 양민이 줄어들어 군포를 채울 수 없게 되자 지방 수령들은 할당량을 채우기 위해 불법을 저지르기 시작했어. 죽은 사람에게 군포를 물리는 백골징포, 병역 의무가 없는 어린이에게 군포를 매기는 황구첨정, 군역을 피해 달아난 장정 대신 이웃에게 부과하는 인징, 친척에게 부담시키는 족징 등이 횡행했단다.

전정은 토지에 부과하는 세금이 문제였어. 세액보다 많이 부과하거나, 세를 내지 않아도 되는 토지에 세를 매겼지. 심지어 토지가 없는데도 세금을 부과하는 경우가 있었어. 특히 지주들은 자기들이 내야 할 세금을 소작인에게 떠넘기기 일쑤였어. 그러다 보니 소작인들은 소작료로 수확량의 50퍼센트를 넘기고 세금까지 떠안아 이중고를 겪어야 했지.

탐관오리들은 전정을 징수하면서 별도로 온갖 잡비를 농민들에게 부과했어. 중국이나 일본으로 가는 사신들의 여비, 관청 건물 수리비, 고을 수령의 출장 여비·부임 시 환영금·이임 시 전별금, 서원의 제사 경비, 양반들의 족보 발간비, 감사의 생활비 등등 별의별 명목으로 경비를 거두어들였어.

삼정의 문란으로 탐관오리들이 백성들의 고혈을 짜냈으니 참다못한 농민들이 조선 말기에 일제히 봉기에 나섰던 거야.

11

겨와 모래와 돌이 섞인 쌀 때문에
일어난 임오군란

　고종 19년(1882년) 6월 9일, 남대문 안 선혜청 창고 앞에는 군인들이 모여 있었어. 이들은 재래식 부대인 무위영 소속 군인으로 봉급인 배급 쌀을 받으러 온 것이지.

　당시 한양의 하급 군인들은 매달 봉급으로 쌀 너 말을 받았어. 이들은 대부분 가족들과 함께 왕십리·이태원 등지에 모여 살았는데, 군인 봉급만으로는 생계를 꾸려 가기 어려웠어. 그래서 부업으로 미나리·배추 등의 채소를 재배해 팔거나 한강 나루에서 세곡선 곡식을 싣고 내리는 날품팔이를 했지.

　하급 군인들은 13개월째 봉급을 받지 못하고 있었어. 왕실의 지나친 낭비와 개항 통상 지출로 국가 재정이 어려워진 데다 쌀값이 두세 배나 올랐기 때문이지.

하지만 고종 18년(1881년), 일본의 후원으로 만든 신식 군대인 별기군은 봉급이 밀리지 않았어. 언제나 꼬박꼬박 지급되었지. 따라서 재래식 부대인 무위영과 장어영 소속 군인들은 차별 대우에 불만이 많이 쌓여 있었단다.

무위영 소속 군인들에게 지급되는 배급 쌀은 전라도 지방에서 세금으로 거두어 한양으로 올라온 쌀이었어. 밀린 봉급 가운데 우선 한 달 치가 지급되었지. 그런데 배급 쌀을 받은 군인들은 포대를 열어 보고 분통을 터뜨렸어.

"쌀이 이게 뭐야? 겨와 모래와 돌이 반이나 섞였어!"

"반은 썩은 쌀이야!"

"포대가 가벼운 걸 보니 쌀이 3분의 1이나 부족해!"

군인들은 쌀을 나누어 주고 있던 창고지기에게 큰 소리로 항의했단다.

"왜 쌀이 이 모양이야?"

"이런 쌀을 사람 먹으라고 주는 거야?"

창고지기는 선혜청 당상인 민겸호의 하인이었어. 그는 쌀을 빼돌려 선혜청 관리들의 배를 채우기 위해, 쌀에 겨와 모래와 돌을 섞어 정량에 훨씬 못 미치게 한 거야.

창고지기는 군인들이 아무리 거세게 항의해도 눈 하나 꿈쩍하지 않았어.

"배급을 받았으면 얼른 가지 웬 말이 많아? 싫으면 그냥 두고 가든가."

창고지기의 말에 군인들은 화가 머리끝까지 났어.

"뭐야? 이 자식이 정말……."

"가만 둘 수 없어!"

군인들은 일제히 덤벼들어 창고지기를 때려눕혔어. 그리고 창고를 난장판으로 만들었지.

이 소식을 들은 민겸호는 난동을 부린 김춘영·유복만 등을 감

옥에 가두어 버렸어.

얼마 뒤 김춘영·유복만 등이 처형당할 것이라는 소문이 퍼지자 군인들은 분노에 휩싸였어.

"굶어 죽으나 처형당해 죽으나 죽는 것은 똑같아. 차라리 죽일 놈들이나 죽이고 우리들의 분을 씻자."

"도저히 참을 수 없다."

"쳐들어가자!"

군인들은 들고일어나 민겸호의 집으로 향했어. 이들은 민겸호의 집에 불을 지르고 무기고를 습격했으며 포도청을 기습하여 동료들을 구출했어.

그러고는 대오를 둘로 나누어 제1대는 강화유수 민태호 등 권신들의 집을 습격하고, 제2대는 별기군 부대로 쳐들어가 일본인 군사 고문 호리모도 레이조를 죽였단다. 밤에는 일본 공사관에 불을 지르고 일본인 열세 명을 죽였지.

이튿날 군인들은 군중과 합세하여 창덕궁으로 몰려갔어. 그때 궁궐 안에 있던 민겸호와 경기도 관찰사 김보현이 이들 손에 살해되었지. 명성 황후는 시위 무관 홍계훈의 도움으로 궁궐 밖으로 도망쳤어.

겨와 모래와 돌이 섞인 쌀 때문에 일어난 군인들의 폭동이 바로 '임오군란'이야.

고종은 사태 수습을 위해 대원군을 궁궐로 불러들였어. 그제야 군중은 해산했지.

이리하여 대원군은 재집권에 성공했지만, 명성 황후의 공작으로 그 자리에서 물러나야 했어. 명성 황후가 청나라 군대를 불러들여 대원군을 청나라로 납치시켰거든.

쌀에 모래와 돌을 섞어 파는 일이
옛날에 또 있었나요?

고종 때 겨와 모래와 돌이 섞인 쌀 때문에 임오군란이 일어났다고 했지? 군인들은 그런 쌀을 받고 얼마나 분통이 터졌을까? 쌀을 빼돌려 선혜청 관리들의 배를 채우기 위해 그런 못된 짓을 했으니 말이야.

조선 시대에는 쌀에 모래와 돌을 섞어 파는 일이 심심찮게 일어났단다.

세종 19년(1437년) 2월 11일, 세종에게는 이런 보고가 올라왔어.

'가게에서 쌀을 파는 상인들이 부당 이익을 얻으려고 사람들을 속입니다. 쌀을 살 때는 큰 말과 되를 쓰고, 쌀을 팔 때는 작은 말과 되를 씁니다. 그리고 쌀에 모래와 돌을 섞어 팝니다. 이런 일을 공공연히 해도 곧 숨기니 이들을 잡을 방법이 없습니다.'

성종 때에도 쌀을 속여 파는 일은 그치지 않았어. 쌀을 물에 적셔 불리거나 쌀에 모래와 돌을 섞어 팔았지. 이런 일이 계속되자 쌀을 속여 파는 사람은 성종 23년(1492년)에 태 50대에서 70대로 늘려 형벌을 내렸어. 그리고 중종 10년(1515년)에는 형량을 늘려 장 100대에 유배 3년형을 내렸단다.

12

오얏꽃,
대한 제국의 문장으로 사용되다

　창덕궁 인정전은 대한 제국 때 고종 황제가 외국 사절을 맞이하던 건물이야. 용마루에는 청동으로 만들어진 오얏꽃 문양이 부착되어 있지. 이 오얏꽃이 바로 대한 제국의 문장이란다.

　문장은 국가나 가문·단체·개인 등을 상징하는 문양이야. 1897년 10월 12일 황제로 즉위한 고종은 황제의 상징인 황금색을 띤 이 꽃을 대한 제국의 문장으로 삼았지.

　오얏꽃 문양은 창덕궁 인정전·창경궁 대온실 등 건물의 용마루뿐만 아니라 대한 제국 황실에서 쓰던 그릇·집기, 대한 제국 우정국에서 발행한 54종의 우표, 대한 제국 정부에서 유통시킨 백동으로 만든 화폐, 훈장·기장 등에 사용되었단다.

　오얏꽃은 오얏나무 꽃, 즉 자두나무 꽃이야. 오얏은 자두의 옛

말로 '외앗'이 변하여 '오얏'이 되었어.

　고려 때 쓰여진 책인 『운관비기』에는 '이씨가 한양(서울)에 도읍을 정한다.'는 내용이 있어. 이를 알게 된 충숙왕은 한양에 남경부를 세우고 이씨 성을 가진 사람을 부윤으로 임명했다고 해. 또한 지금의 번동인 북한산 아래에 오얏나무를 많이 심도록 했지. 자두나무가 무성해지면 모두 잘라 내어 이씨의 기운을 눌러 버린 거야.

　이씨의 '이(李)' 자는 '오얏'이야. 오얏은 오얏나무지. 오얏나무는 이씨와 다름없으니 풍수지리설에 따라 이씨가 힘을 못 쓰게 오얏나무를 자른 거지. 오얏나무가 무성하면 이씨가 흥할 징조라 하여 오얏나무를 벌채한 동네는 처음에 '벌리(伐李)'라고 불리다가 '번리(樊里)'가 되었단다.

　신라 말에 도선 대사는 '고려 왕씨에 이어 이씨가 한양에 도읍한다.'는 예언을 했다고 해. 이 예언을 들은 고려 조정은 불안감을 느꼈지. 더욱이 당시에 '십팔자 왕이 즉위할 것이다.'라는 소문이 돌았거든. '이(李)'는 '나무 목(木)'에 '아들 자(子)'인데 '나무 목'을 떼어 내면 '열 십(十)' 자에 '여덟 팔(八)' 자가 되지.

　고려 조정은 한양에 오얏나무를 베는 관리인 '벌리사(伐李使)'를 보내 오얏나무를 모조리 베게 했어. 그러나 왕기를 다스리진 못했어. 드디어 이성계가 위화도 회군으로 권력을 잡더니 역성혁명으로 왕권을 차지했으니 말이야.

그런데 전해지는 이야기에 따르면, 이성계는 권력을 잡기 전에 '이씨가 왕이 된다.'는 소문을 만들어 냈다는구나. 그는 백성들의 입에서 입으로 전해지는 소문이 무력보다 더 강함을 잘 알고 있었어. 그래서 자신의 병사들을 나무꾼 옷으로 갈아입혀 오얏나무가 무성한 곳으로 보냈어. 이들의 양손에는 붓 한 자루와 꿀 한 통이 쥐어져 있었지. 이들은 꿀을 붓으로 찍어 오얏나무 잎에 '오얏 이(李)' 자를 수없이 썼어. '이(李)' 자를 백 자쯤 쓰면 한 자는 '임금 왕(王)' 자를 썼지.

이들이 다녀간 오얏나무 숲에는 오얏나무 잎에 '이(李)' 자가 무수히 새겨졌고, 이따금 '임금 왕(王)' 자가 새겨졌지. 물론 벌레들이 꿀 묻은 자리만 파먹어 오얏나무 잎에 글자가 새겨졌던 거야.

이성계의 병사들은 오얏나무를 찾아 전국 방방곡곡을 돌아다녔다지? 그러니 '이씨가 왕이 된다.'는 소문은 오얏나무를 통해 전국 방방곡곡에 퍼졌단다.

오얏나무는 중국이 원산지인데
언제 우리나라에 들어왔어요?

오얏나무는 장미과에 속하는 낙엽 교목이야. 흰 꽃이 4월에 피고 7월에 열매가 익지. 열매인 오얏(자두)은 대추·밤·감·배와 함께 '5과'로 불리며 임금께 진상되었단다.

노자 어머니는 81일 동안 오얏나무 아래서 지내다가 아기를 낳았대. 그래서 노자는 자신의 성을 이씨로 삼았다는구나.

오얏나무는 중국이 원산지인데, 신라 때 이미 우리나라에 전해져 널리 재배되었어. 조선 시대에는 한양에서 집집마다 심고 가꾸었을 만큼 흔한 나무였지.

오얏나무에 얽힌 이야기 중에는 '오얏나무 아래에선 갓끈을 고쳐 매지 않는다.'는 말이 있지. 남에게 의심받는 일을 하지 않도록 주의하라는 말이야. 이런 말이 나온 것은 오얏나무가 사람들 가까이에서 쉽게 만날 수 있는 나무였기 때문이지.

13

통역관 김홍륙,
고종을 커피로 독살하려 하다

커피가 우리나라에 들어온 것은 개화기 무렵이야. 청나라를 통해 서양 문물이 들어오면서 커피도 같이 들어왔지. 유길준의 『서유견문』에는 커피가 1890년쯤 중국을 통해 우리나라에 흘러 들어왔다고 기록되어 있단다. 러시아인 또는 일본인이 처음 커피를 우리나라에 들여왔다는 이야기도 있어. 당시 조선이 세계열강들과 수호 조약을 맺으면서 외교 사절들이 왕궁에 커피를 진상했으니, 왕족과 대신들이 커피를 처음 접하고 그 맛에 빠져들지 않았을까?

고종은 1896년 아관 파천으로 러시아 공사관에 머물 때 커피를 처음 맛보았다고 해. 러시아 공사관에는 베베르 공사의 처형이었던 프랑스 출신의 독일 여인 손탁이 머물고 있었어. 고종은 손탁이 권하는 대로 러시아 요리를 먹은 뒤 후식으로 커피를 마시고 커피 애호가가 되었지. 그 뒤 고종은 경운궁(덕수궁)으로 돌아온 뒤에도 하루에 몇 잔씩 마실 만큼 커피를 즐겼다고 해. 커피를 너무 좋아한 것이 화를 불러일으킨 것일까? 고종은 커피 때문에 목숨을 잃을 뻔했단다.

1898년 9월 12일은 고종의 생일이었어. 하지만 고종은 아버지 대원군과 어머니 민씨의 상중이라고 생일 잔치를 열지 못하게 했어. 그 대신 전날인 9월 11일, 이재순·심상훈·민영기 등 원로대신 세 사람을 경운궁으로 불러 같이 저녁 식사를 했지. 그 자리에는 황태자(순종)도 함께했는데, 식사가 끝난 뒤 후식으로 커피가 나왔어. 대신들은 예법에 따라 고종이 커피 잔을 들기를 기다렸지.

먼저 잔을 입으로 가져간 고종은 커피를 마시려다가 이상한 냄새가 나는 것 같아 잔을 내려놓았어. 그 순간 곁에 앉은 황태자는 아버지가 커피를 미신 줄 알고 얼른 잔을 들어 커피를 한 모금 마셨지. 그러고는 커피를 토하고 기절해 버렸단다.

궁궐 안은 발칵 뒤집혔어. 누군가 고종을 죽이려고 커피에 독약을 넣었던 거야. 황태자는 다행히 목숨을 건졌지만 그 후유증은 컸어. 치아가 빠져 의치 열여덟 개를 해 넣어야 했지.

독차를 올린 궁중 요리사 김종화는 곧 붙잡혔어. 심문을 하니 커피에 독을 타도록 시킨 사람은 황실의 주방 담당인 어선주사 공홍식이었어. 고종 독살이 성공하면 은 천 원을 주기로 했다나.

그런데 공홍식에게 고종을 독살하라고 시킨 사람은 러시아 공사관의 통역관이었던 김홍륙이었어. 김홍륙은 아관 파천으로 고종이 러시아 공사관에 머물 때 황제의 총애를 받았지. 그 뒤로 학부협판·귀족원경·한성부 판윤 등 고위 관직에 올라 온갖 세도를 부렸단다. 하지만 김홍륙은 러시아와의 통상 과정에서 큰돈을 꿀꺽 삼킨 것이 발각되어 곤장 100대를 맞고 흑산도로 유배를 떠나게 되었어. 그러자 고종에게 앙심을 품고 황제를 죽이기로 결심했지. 그리하여 자신의 아내 김소사를 통해 평소 친분이 있었던 공홍식에게 커피에 독을 타서 고종을 죽이라고 시켰던 거야. 김홍륙·공홍식·김종화는 사형 판결을 받아 형장의 이슬로 사라졌단다.

손탁은 고종에게 하사받은 땅에 호텔을 짓고 호텔 식당에서 커피를 팔았다면서요?

1885년 초대 주한 러시아 공사 베베르를 따라 조선에 온 손탁은 베베르의 추천으로 조선 궁중에 들어갔어. 그와 베베르 공사와의 관계에 대해서는 여러 가지 설이 있지. 베베르 공사의 처형 또는 처제라는 이야기가 있고, 베베르 공사 동생의 처형이라는 이야기도 있어.

그는 궁내부에서 외국인 접대 업무를 담당했지. 손탁은 영어·독일어·프랑스어·러시아어 등 외국어를 잘했어. 우리나라 말도 빨리 익혔지. 아관 파천으로 고종이 러시아 공사관에 머물고 있을 때는 그를 잘 모셔 신임을 받았단다.

이런 공으로 손탁은 경운궁 건너에 있는 한옥과 대지를 하사받았어. 그 뒤 그는 이 집을 허물고 그 자리에 2층 양옥을 지었지. 이 건물이 바로 손탁 호텔이야. 이 호텔은 국내의 고관들과 외국의 외교관들이 드나들어 사교장이 되었지. 손탁은 호텔 1층에 식당을 열어 커피도 팔았단다. 고종은 외국인 접대의 필요성에 따라 손탁에게 호텔을 짓게 했다는구나.

14

서울의 나무장수 이야기

미국의 유명한 천문학자 퍼시벌 로웰은 1883년 겨울, 조선을 다녀간 뒤 『조선, 조용한 아침의 나라』라는 책을 써서 펴냈어.

이 책에 보면 서울의 거리 풍경을 묘사하면서, "나뭇짐을 실은 황소들이 숨을 헐떡거리며 끊임없이 서울로 들어와 짐을 부리고는 다시 열을 지어 출발한다."고 밝혀 놓았지. 그러고는 "거리들과 연결된 넓고 큰 광장에는 사람들이 많이 모인다. 광장은 나무를 팔고 사는 시장으로도 이용되는데, 무거운 짐을 내려놓은 황소는 나이 든 사람을 대하는 듯 유순한 태도로 주인이 일을 마칠 때까지 끈기 있게 서 있다."고 상세히 소개했어.

옛날에는 연탄·가스 등이 보급되지 않아서 음식을 하거나 방을 따뜻하게 하는 연료로 나무를 주로 사용했어. 따라서 6·25 전쟁 뒤에도 나무를 팔러 다니는 나무장수를 흔히 볼 수 있었지.

농한기에 부업으로 나무장수를 하는 농민들은 나무를 내다 팔 때 지게에 지고 나왔지만 전문 나무장수들은 이들과 달랐어. 로웰의 『조선, 조용한 아침의 나라』에도 나와 있듯이 황소가 끄는 수레나 길마에 나무를 가득 싣고 나왔던 거야. 이는 통나무를 길쭉하게 잘라서 쪼갠 장작이어서 '장작바리'라고 불렀어.

구한말에 서울에 공급된 나무는 뗏목을 이용해 한강으로 내려온 '뚝섬 나무'와 구파발·무악재를 거쳐 서대문을 통해 도성으로 들어오는 '고양 나무'가 있었어. '뚝섬 나무'는 한강으로 내려오지만, '고양 나무'는 나무장수가 뭍으로 직접 날라 오기에 '뚝섬 나무'보다 값이 저렴했다고 해.

'고양 나무'의 경우, 무악재에서 광화문 네거리에 이르는 동안 몇 군데 나무 시장이 열렸어. 크고 유명한 나무 시장으로는 독립문 근처의 화산 시장, 지금의 강북 삼성병원 근처의 서문 밖 시장, 새문안교회 근처의 서문 안 시장, 경복궁 동쪽 십자각 앞의 십자각 시장 등이 있었지.

당시에 이 나무 시장들을 장악하고 있던 사람은 최순영이라는 도매상인이었어. 그는 나무꾼이나 나무장수들에게 나무를 싸게 사들인 뒤 각 가정집에 비싸게 팔아 부호가 되었단다.

그런데 1910년경에 최순영에 맞서 나무 도매업에 뛰어든 사람이 있었으니, 그가 바로 브라이상이라는 프랑스 사람이었어.

'최순영이라는 자가 나무장사로 떼돈을 벌었단 말이지? 으음, 나무장사가 괜찮은 장사로구나.'

브라이상은 광화문 네거리, 지금의 광화문 우체국 뒤편에 나무 시장을 열었어.

최순영은 이 소식을 듣자 브라이상을 골탕 먹이려고 무악재로 직접 나가 나무장수들로부터 나무를 사들였어. 그러다 보니 브라이상의 나무 시장으로 나무를 팔러 오는 사람은 아무도 없었지.

브라이상은 호락호락 당하고만 있지 않았어. 그는 화살통만 한 보온병에 커피를 끓여 담아 새벽 일찍 무악재로 나갔어. 고양에서 나무를 싣고 오는 나무꾼이나 나무장수들에게 다가가 일일이 인사를 했지.

"안녕하십니까? 저는 '고양 부씨(高陽富氏)'입니다. 양탕국이나 한 잔씩 드시지요."

구한말 청나라를 통해 우리나라에 처음 들어온 커피는 사람들에게 '양탕국'이라 불리었어. '서양에서 들어온 끓여 마시는 국'이라는 뜻이었지.

나무장수들은 브라이상이 권하는 커피를 날마다 마셨고, 나중에는 중독이 되어 커피를 마시지 않으면 견딜 수 없게 되었어. 그리하여 브라이상은 양탕국 덕분에 나무꾼들과 가까워져 나무를 값싸게 사들일 수 있었단다.

이렇게 되자 타격을 입은 것은 최순영이었어. 그는 '양탕국 상술'을 훼방하려고 마침내 이런 소문을 퍼뜨리기에 이르렀지.

"양탕국에는 독이 들어 있다. 자꾸자꾸 마시면 시름시름 앓다 죽는다."

말도 안 되는 소리였지만 이 소문은 나무꾼들을 겁에 질리게 했어. 그도 그럴 것이 1898년 9월 11일, 커피를 좋아했던 고종과 황태자가 커피 독살 사건으로 하마터면 죽을 뻔한 일이 있었기 때

문이야. 역관 김홍륙이 자신의 비리 때문에 처벌을 받게 되자 고종에게 앙심을 품고 궁중 요리사를 시켜서 왕이 마실 커피에 독을 탄 거야.

이런 사건까지 알게 되었으니 나무꾼들이 양탕국을 기피한 것은 당연한 일이었지. 나무장수들은 브라이상만 보면 달아나기 바빴고 결국 브라이상은 나무 도매상을 그만두고 말았단다.

장작을 땔 수 없는 서민들은
솔가리를 땔감으로 썼다면서요?

옛날에는 소나무 벌목이 금지되어 있었기에 서민들은 장작을 구하지 못하고 산에서 솔가리를 주워 땔감으로 사용했단다.

솔가리는 말라 떨어진 솔잎이야. '솔갈비'라고도 하지. 늦가을이 되어 날이 추워지고 서리가 내리면 오래된 솔잎은 누렇게 변하여 떨어지지. 그러면 갈퀴로 긁어모아 집에서 땔감으로 썼단다.

솔가리는 닷새장이든 이레장이든 나무 시장이 열리는 곳에서는 어디서나 사고팔았어. 돈이 필요한 가난한 농가는 솔가리를 장에 내다 팔았지. 솔가리 한 짐이면 소금절이나 생선 서너 마리 살 만한 값을 받을 수 있었으니까.

그런데 솔가리는 소나무가 우거진 고양, 양주, 광주 등지의 능묘 근처에서 구할 수 있었지. 하지만 그곳은 종구품 능참봉이나 그 밑에서 일하는 능수복들이 늘 감시하고 있기에 솔가리를 채취하는 일은 그리 쉽지 않았다는구나.

15

온돌의 보급으로 땔감이 늘어 우리나라 산이 민둥산이 되었다?

1904년 우리나라에 온 스웨덴 기자 아손은 초가집 온돌방에서 첫날 밤을 보내게 되었어. 그는 몸이 피곤하여 가방을 베개 삼아 베고 누웠는데 좀처럼 잠이 오지 않았어. 방 안에는 역한 마늘과 오물 냄새가 배어 있었고 방바닥이 너무도 뜨거웠기 때문이야. 아손은 온돌방에 대해 소개하며 당시 상황을 이렇게 기록했어.

> 한국 사람들은 실외에서는 옷을 아주 따뜻하게 입었고, 밤에는 펄펄 끓는 방바닥 위에서 빵처럼 구워지는 게 아주 습관이 되어 있었다. 땔감으로는 주로 건초, 나뭇가지, 마른 나뭇잎, 가축들의 배설물 등이 이용되고 가끔 장작을 사용하는 경우도 있었다. 하루에 아침, 저녁으로 두 번 불을 때는데,

적당한 연료가 부족한 탓에 연료비가 엄청나게 들어서 도시의 경우 1인당 수입의 4분의 1이 연료비로 소비되는 게 보통이었다.

처음에는 불편하기 짝이 없는 잠자리였다. 나는 방바닥이 너무 뜨거워 더 이상 견딜 수가 없어서 일어나 문을 열어젖혔으나, 얼마 후 추워서 다시 닫을 수밖에 없었다. 하지만 5분 후에 똑같은 짓을 반복할 수밖에 없었다. 이런 식으로 아무리 신선한 공기가 많이 들어와도 방 안의 냄새는 사라지지 않았다. 마늘과 오물 냄새는 방 안에 아주 배어 있었다. 이 냄새가 순간적으로 심해질 때가 있어 그럴 때는 속이 뒤집히려 했다.

그러나 고비는 넘어갔고 결국 나도 모르게 잠이 들었다.

스웨덴 기자 아손을 '빵처럼 구워지게' 했던 온돌은 우리나라 고유의 난방 시설이야. 아궁이에서 불을 때면 불기운이 방 밑을 지나 방바닥 전체를 데우는 것이지.

'온돌'은 '데운 돌'이라는 뜻인데 우리말로 '구들'이라고 해. '구운 돌'에서 비롯된 이름이지. 온돌은 아궁이·고래·구들장·굴뚝으로 이루어져 있어. 아궁이는 방 밖에서 불을 때는 곳이고 고래는 아궁이에서 불을 땔 때 생기는 열기와 연기가 지나가는 길이야. 그리고 구들장은 고래를 덮은 납작한 돌로 방바닥 밑에 촘촘히 깔려 있어. 방바닥은 구들장 위에 골고루 흙을 바른 뒤 한지에 기름을 먹인 장판을 깔아 만들지. 굴뚝은 고래를 지나온 연기가 밖으로 빠져나가는 곳이야.

아궁이에서 불을 때면 열기와 연기가 고래를 통과하며 구들장을 데워. 그러니 방바닥이 따뜻한 거지. 아궁이에서 가까운 아랫목은 앉기도 힘들 만큼 뜨겁지만 아궁이에서 먼 윗목은 차가울 수도 있어. 그래서 아랫목은 두툼한 돌을 깔아 천천히, 윗목은 얇은 돌을 깔아 빨리 데워지게 했단다.

우리나라에서 온돌을 처음 만든 것은 북옥저인이었어. 이들은 기원전 2~3세기쯤 만주 동부 지역과 연해주 남서부 일대에서 온돌을 사용했는데, 이때의 온돌은 방 전체를 난방하는 것이 아니라 방의 일부만 난방하는 쪽구들이었어. 북옥저인이 북방 민족에 밀려 남쪽 한반도로 내려오면서 쪽구들이 한반도에 퍼지게 되었지. 쪽구들이 고구려에 전해진 것은 고구려 중기쯤이었어.

온돌이 방의 일부만 난방하는 쪽구들에서 방 전체를 난방하는 온구들로 바뀐 것은 고려 중기부터야. 주로 북부 지방에서 사용하던 온돌이 차츰 퍼져 나가 조선 전기에는 중부 지방에서 사용하기 시작했고, 조선 후기에는 전국적으로 사용하게 되었다고 해.

성대중의 『청성잡기』라는 책에는 온돌이 유행하게 된 것은 조선 인조 때의 문신 김자점 때문이라고 밝혀 놓았어. 옛날에는 방이 모두 마루여서 큰 병풍과 두꺼운 깔개로 한기와 습기를 막고 방 한두 칸만 온돌을 설치해서 노인이나 병자들이 지내도록 했어. 그런데 인조 때 한양 도성을 둘러싼 산들에 솔잎이 수북이 쌓여 여러 번 산불이 일어나자 이를 걱정하는 인조에게 김자점이 이렇게 건의했어.

"한양에 있는 집들에 온돌을 설치하여 솔잎을 땔감으로 쓰는 것이 어떻겠습니까?"

인조가 이를 받아들여 한양에 있는 집들에 온돌을 설치했어. 그러자 사람들이 따뜻한 것을 좋아하여 너도나도 온돌을 설치하니 얼마 안 되어 온 나라에 온돌이 보급되었다는 거야.

하지만 온돌에 대한 폐해가 심각하여 숲이나 산이 모두 민머리가 되어 장작과 숯이 날이 갈수록 모자라게 되었다는구나.

온돌의 단점은 땔감이 많이 필요하다는 거야. 앞서 소개한 스웨덴 기자 아손의 이야기에 나와 있듯이 온돌은 연료비가 엄청나게 들어서, 도시의 경우 1인당 수입의 4분의 1이 연료비로 소비되는 게 보통이었어. 겨울에는 양식비보다 땔감 값이 더 들었지. 부자들이야 몇 년 치 땔감인 장작을 창고에 쌓아 놓고 있지만 가난한 사람들은 그럴 형편이 못 되었어. 산에서 솔가리를 갈퀴로 긁어모아서 땔감으로 썼지. 땔나무가 없으면 겨울 내내 추위에 떨어야 하기에 양반 사대부라고 해도 땔감을 구하는 것이 가장 큰일이었어. 그들은 조상 묘가 있는 산에서 나무를 베어 땔감을 구해 썼다는구나.

이렇듯 온돌이 늘어나 땔감의 수요가 급증하니 숲은 점점 사라지고 산은 민둥산으로 변해 버렸어. 그래서 구한말에 우리나라를 찾은 외국인들은 "조선의 산은 거의 헐벗은 민둥산으로 풀들만 무성할 뿐 나무가 별로 없다."고 입을 모아 말했지.

화전민이 많이 생겨나
산이 벌거숭이가 되었다고요?

화전은 숲을 태워 만든 밭이야. 조선 시대에 농촌에서 소작조차 할 수 없었던 사람들은 깊은 산속으로 들어가 화전을 일구었어. 이들을 '화전민'이라고 하지. 화전을 만들려면 먼저 벌채를 하고 숲에 불을 질러야 해. 그러면 수백 년 동안 자란 나무들이 모두 불태워지고 산은 하루아침에 민둥산이 되어 버리지. 오랜 세월 가꾼 큰 숲이 2, 3년 짓는 농사를 위해 사라져 버리니 여간 큰일이 아니었단다.

화전민이 많이 생겨난 것은 17세기 이후였어. 효종 때는 깊은 산속에 화전이 없는 곳이 없었으며, 현종 때는 크고 작은 산골짜기 가운데 70~80퍼센트가 화전으로 일구어졌어.

화전은 숲을 태워 만들기 때문에 화재를 불러오기도 했어. 산불이 나면 온 산을 태워 모든 것이 잿더미로 변했지.

화전은 이처럼 문제가 많았지만, 전국의 산에서 화전이 없는 곳을 찾기 어려울 만큼 20세기 초까지 화전 개발이 이어졌단다.

16

을사늑약 때 자결한 민영환의 방에서 푸른 대나무가 돋아났다?

　　민영환은 조선 말기의 문신이야. 젊은 나이에 내부대신 겸 군부대신, 탁지부대신, 학부대신 등을 지내며 나라의 개혁과 발전을 위해 애썼지. 그는 일본의 침략 야욕을 알고 내정 간섭에 반대하다가 권력에서 밀려났단다.

　　1905년 11월 17일, 일제는 친일 매국노들을 앞세워 을사늑약을 체결했어. 이로써 대한 제국은 일제에게 외교권을 빼앗겼지.

　　민영환은 을사늑약 체결 소식을 듣고 피눈물을 흘리며 통곡했어. 그러다가 궁궐로 달려가 늑약의 무효와 을사오적의 처형을 요구하는 상소를 여러 번 올렸어. 그러나 그의 상소는 받아들여지지 않았단다. 민영환은 자신의 뜻을 이루지 못하자 이미 국운이 기울었음을 깨닫고 스스로 목숨을 끊기로 마음먹었어. 죽음으로써 일제의 부당한 폭력성을 세상에 알리고 불의에 항거하기로 한 거야.

11월 30일 새벽 6시, 민영환은 고종 황제에게 올리는 글과 국민과 서울에 있는 외국 사절들에게 남기는 글 등 세 통의 유서를 쓰고 의관 이완식의 집에서 스스로 목숨을 끊었지.

황현의 『매천야록』에 의하면, 민영환이 자결하자 "이때 큰 별 하나가 서쪽으로 떨어졌으며, 까치 수백 마리가 그 집을 둘러싸고 깍깍 짖어 대며 흩어지지 않았다."고 해.

민영환의 순국 소식이 알려지자 고종 황제는 크게 슬퍼하며 그에게 '충정(忠正)'이란 시호를 내렸지.

민영환이 자결할 때 쓴 칼과 입었던 피 묻은 옷은 그의 집 마루방에 보관했어. 그런데 그가 순국한 지 7개월이 지난 1906년 7월 4일에 놀라운 일이 벌어졌어. 민영환의 집에서 가족이 문을 열어 보니 마루 틈에서 푸른 대나무 네 그루가 돋아나 있는 거야.

이 소식은 장안에 삽시간에 퍼졌어. 사람들은 대나무를 구경하려고 민영환의 집으로 몰려들었지. 이 대나무는 민영환이 흘린 피에서 자랐났다고 하여 '혈죽(血竹)'이라는 이름을 얻었어.

혈죽에 대한 이야기는 이튿날 『대한매일신보』에 소개되었어. 민영환의 푸른 대나무를 정몽주의 '선죽(善竹)'에 견주며 그의 절개와 충성이 혈죽으로 나타났다고 했지.

『황성신문』은 7월 6일 자에 민영환의 집에 몰려든 사람들의 반응을 취재하여 소개했어. 어떤 사람은 "이 나무를 보고 민충정공을 존경하지 않을 수 없다."고 했고, 또 어떤 사람은 "민충정공의 대의가 별처럼 밝게 빛난다."고 했다지. 많은 사람들이 혈죽을 보고 깊은 감동을 받아 흐느끼고 통곡했다는구나.

혈죽으로 온 나라가 들썩이고 많은 사람들이 민영환의 충정을 기리자 일제는 크게 당황했어. 혈죽에 대한 이야기를 조작된 것으로 의심해 마루를 뜯어내 확인하고 대나무를 뽑아 버렸지.

그때 민영환의 부인 박수영이 대나무를 상자 속에 넣어 다락방에 몰래 보관했어. 1962년, 민영환의 유족들은 혈죽을 고려대학교 박물관에 기증했단다.

고려 말의 충신 정몽주가 죽은 선죽교 다리 돌 틈에서 대나무가 솟아났다면서요?

1392년 고려 말의 충신 정몽주는 이성계의 병문안을 갔다가 집으로 돌아오는 길에, 이성계의 다섯째 아들 이방원이 보낸 조영규 등이 휘두른 철퇴에 맞아 목숨을 잃었어. 그 장소가 개성 자남산 남쪽 가울에 있는 돌다리인 선지교(善地橋)이지.

그런데 그 다리 돌 틈에서 대나무 한 그루가 솟아났다고 해 그 뒤로 사람들은 다리 이름을 '선죽교(善竹橋)'로 바꾸어 불렀지. 다리 위 돌에 묻은 정몽주의 핏자국은 오랫동안 사라지지 않고 지금도 희미하게 남아 있다는구나.

선죽교는 개성시 선죽동에 있는 돌다리야. 북한의 국보 제159호로 지정되어 보호받고 있지. 고려 시대에는 난간이 없는 다리였지만 조선 시대에 정몽주의 후손들이 난간을 설치하여 통행을 막고 옆에 새로운 돌다리를 놓았다고 해.

포은 정몽주

17

'담배를 끊어 나랏빚을 갚자!', 대구에서 일어난 국채 보상 운동

1907년 1월 29일 대구의 인쇄소인 광문사에서 특별 회의가 열렸어. 광문사에서는 애국 계몽 운동을 벌이기 위해 '광문사문회'를 만들어 운영해 왔는데, 그 이름을 '대동광문회'로 바꾸는 문제를 의논하러 2백여 명의 회원들이 모인 거야. 회의를 마친 뒤 광문사 부사장인 서상돈이 긴급 제안이 있다며 앞으로 나왔어. 서상돈은 종이 행상 및 포목상을 하여 재산을 모은 대구 지역의 갑부였어. 그는 여러 회원들 앞에서 천천히 입을 열었어.

"지금 우리 대한 제국이 일본에 진 빚이 1천 3백만 원이라고 합니다. 우리나라 일 년 예산과 맞먹는 어마어마한 금액이지요. 하지만 정부의 국고금으로는 도저히 갚을 수 없는 형편입니다. 빚을 갚지 못한다면 이 나라가 어떻게 되겠습니까? 일본에 이미 외교권을 빼앗겼는데 빚까지 갚지 못하면 나라를 빼앗기는 건 불을 보듯 환하지요. 그래서 지금 이 자리에서 긴급 제안을 하려고 합니다. 나랏빚을 갚지 못하면 우리나라가 망하는데, 나라를 살리기 위해 우리가 힘을 모아 나랏빚을 모두 갚는 것이 어떻겠습니까? 절대로 불가능한 일이 아닙니다. 우리 2천만 동포가 일제히 담배를 끊고 한 달에 20전씩 모은다면 석 달 만에 나랏빚을 모두 갚을 수 있습니다. 저부터 먼저 담배를 끊고 800원을 내놓겠습니다."

서상돈의 긴급 제안에 회원들은 우레와 같은 박수를 보냈어.

"옳습니다. 나도 담배를 끊겠습니다."

"나도요! 우리 모두 나랏빚을 갚는 일에 앞장섭시다!"

회원들은 서상돈의 제안에 찬성하며 즉시 모금할 것을 결의했어. 그리하여 그 자리에서 2천여 원이 모아졌지.

서상돈을 비롯한 대구 지역의 애국지사들은 1907년 2월 21일, 대구 북후정에서 '단연회'를 설립했어. 단연회는 금연을 통해 나랏빚을 갚아 나가자는 모임이었지. 사람들은 자신의 담뱃대를 부러뜨리고 담배쌈지를 없애며 너도나도 돈을 내놓았단다. 이렇게 대구에서 일어난 나랏빚 갚기 운동이 바로 '국채 보상 운동'이야.

국채 보상 운동은 『황성신문』·『대한매일신보』·『제국신문』·『만세보』 등에 그 취지와 내용이 보도되면서 들불처럼 전국으로 번져 갔어. 남성들은 담배와 술을 끊은 돈으로 성금을 냈으며, 여성들은 자신이 아끼던 패물을 내놓았어. 고종 황제는 이 소식을 듣자, "백성들이 이처럼 나라 걱정을 하는데 내가 무슨 낯으로 가만히 있겠는가?" 하며 담배를 끊었다고 해.

국채 보상 운동은 남녀노소, 빈부귀천을 가리지 않고 참여했어. 일본 유학생들과 해외 동포들도 이 운동에 동참했어. 그리하여 국채 보상 운동을 시작한 지 석 달 만에 20여만 원이 모아졌단다. 그러나 국채 보상 운동은 일제의 방해 공작으로 성공을 거두지 못했어. 일제는 항일 운동으로 확산될 위험이 있다고 판단해 끈질기게 탄압했지. 하지만 이 운동은 우리 민족의 저력을 아낌없이 보여 준 국권 수호 운동으로 평가받고 있단다.

대한 제국은 어떻게
일본에 1천 3백만 원의 빚을 졌나요?

1905년 강제로 을사늑약을 체결하여 통감부를 설치한 일제는 대한 제국을 식민지로 만들기 위해 정지 작업을 시작했어.

일제의 강요로 대한 제국 정부는 원치도 않는 빚을 들여왔는데, 1905년 6월부터 1906년 3월까지 네 번에 걸쳐 1천 3백만 원에 이르는 엄청난 금액이었어. 이자만 해도 연 6.5퍼센트로 매우 높았지.

일제가 강제로 막대한 빚을 떠안긴 것은 대한 제국의 경제를 일제에 예속시키고 식민지를 건설하기 위해서였어. 일제는 이 자금으로 식민 지배에 필요한 도로·항만 등의 건설, 일본 거류민을 위한 상수도 공사, 일본인 관리 고용 등에 사용하게 했거든. 이것은 물론 대한 제국의 근대화를 위하여라는 명목이었지.

하지만 대한 제국은 이 거액의 빚을 도저히 갚을 능력이 없었어. 그때 서상돈은 이 빚을 갚지 않으면 나라가 망한다며 국채 보상 운동을 발의했던 거야.

18

유럽과 미국에서 가장 인기 있는
크리스마스트리, 한라산 구상나무

크리스마스 하면 먼저 떠오르는 것이 크리스마스트리지? 크리스마스 철이 되면 누구나 크리스마스트리를 아름답게 장식한 경험이 있을 테니까 말이야.

크리스마스트리는 누가 처음 만들었을까? 이에 대해서는 여러 가지 설이 있지만 가장 널리 알려진 이야기가 16세기 독일의 종교 개혁자인 마르틴 루터가 처음 만들었다는 거야.

어느 해 크리스마스이브에 마르틴 루터는 라트비아의 전나무 숲을 거닐고 있었어. 밤하늘에는 별이 반짝이고 별빛 아래 전나무들이 아름다운 모습을 드러내고 있었지. 마르틴 루터는 그 광경을 보자 탄성이 절로 나왔어.

"하늘의 별빛을 받아 전나무들이 더욱 아름다운걸. 하느님의 사랑을 받는 우리 인간들은 얼마나 아름다울까?"

감동을 받은 마르틴 루터는 전나무 가지를 꺾어 집으로 가져갔어. 그러고는 전나무를 밝은 촛불로 장식했지. 이것이 크리스마스트리의 기원이 되었다고 해.

게르만족은 기독교가 전해지기 전까지 전나무에 사람을 제물로 바치는 풍습이 있었다고 하지? 그런데 8세기경 어느 외국인 선교사가 전나무를 가리키며 게르만족에게 설교했어.

"저 아름다운 전나무를 집으로 가져가 아기 예수 탄생을 축하하라."

그 뒤 기독교 신앙을 받아들인 게르만족은 전나무에 사람을 제물로 바치지 않고 성탄을 축하하기 위해 전나무를 집으로 가져가 아름답게 장식했대. 이것이 크리스마스트리의 또 다른 기원이지.

16세기 초에 크리스마스트리는 지금보다 훨씬 더 컸어. 사람들은 크리스마스트리에 그해 농산물 가운데 가장 좋은 것과 과자·비스켓·종이로 만든 꽃들을 매달았어. 그러고는 크리스마스이브 날 사람들이 크리스마스트리 주위에 둥글게 모여 즐겁게 춤을 추었다는구나.

크리스마스트리는 전나무·소나무·가문비나무 등 상록 침엽수가 주로 쓰이고 있어. 그 가운데 전나무를 으뜸으로 여기지.

그런데 유럽과 미국에서는 우리나라 원산인 크리스마스트리가 크리스마스 철에 팔리는 나무 중 90퍼센트를 차지할 만큼 폭발적인 인기를 끌고 있어. 지금도 유럽에서 비싼 값에 거래되고 있지. 그 나무가 바로 '에비에스 코리아나 윌슨'이라는 학명을 가진 제주도 한라산 구상나무야. 이 나무에 이런 이름이 붙은 것은, 1915년 영국의 식물학자 어니스트 윌슨이 우리나라에 와서 제주도 한라산 구상나무를 채취해 가 '에비에스 코리아나 윌슨'이라는 학명을 붙여 학계에 발표했기 때문이야.

이 나무가 크리스마스트리로 인기가 높은 것은 처음부터 원추형 모양을 갖추고 있어서래. 전나무·소나무 등 다른 나무들은 일부러 가지치기를 해서 원추형 모양을 만들거든.

우리나라 특산물인 구상나무는 한라산·지리산·덕유산 등 해발 1,000미터 이상의 고지대에서만 주로 자라지. 하지만 요즘은 기후 변화로 인해 말라 죽는 구상나무가 급증하고 있단다.

크리스마스는 언제 우리나라에 들어왔나요?

크리스마스가 처음 우리나라에 들어온 것은 1880년대 외국인 선교사들이 들어와 선교 활동을 시작할 무렵이야. 이들은 병원과 학교를 세우면서 기독교 문화를 전했고, 그런 중에 크리스마스 풍습이 우리나라 사람들에게 알려졌지.

소문을 들은 명성 황후는 1884년 크리스마스 전날에 언더우드 목사의 부인 릴리아스를 궁궐로 불러 크리스마스에 대해 물었어.

릴리아스는 크리스마스의 기원과 의미를 명성 황후에게 설명했어. 그러고는 크리스마스가 끝난 뒤 궁궐 안에 멋진 크리스마스트리를 만들어 보여 주기로 했지. 명성 황후와 고종에게는 비밀로 하고 말이야.

하지만 명성 황후와 고종이 미리 와서 트리를 보는 바람에 그 계획은 실패하고 말았단다.

19

'독립군 나무'로 불린
느티나무

느티나무는 우리나라에서 흔히 볼 수 있는 나무야. 어디에서나 잘 자라고 오래 살기 때문에 시골 마을 어귀에는 어김없이 서 있지. 우리나라 정자나무의 80퍼센트 이상이 느티나무라고 해. 느티나무가 정자나무로 사랑받는 것은 사방으로 가지를 넓게 펼쳐 자라면서 햇빛을 가려 주고 넉넉한 그늘을 만들기 때문이야. 마을에서 가장 오래된 나무이기에 사람들이 그늘 아래 모이거나 쉬기에도 안성맞춤이지.

우리나라에서는 느티나무를 신령하게 여겨 당산나무로 받들면서 마을의 안녕과 평화를 지켜 준다고 믿었어. 마을 사람들은 무병장수·풍년을 기원하며 일 년에 한 번씩 제사를 지내기도 해.

사람들은 이른 봄에 느티나무의 싹이 트는 모습을 보고 그해 농사의 길흉을 점쳐 보곤 했어. 느티나무에 일제히 싹이 트면 풍년, 그렇지 않으면 흉년으로 보거나 느티나무 위쪽에 먼저 싹이 트면 풍년, 아래쪽에 먼저 싹이 트면 흉년으로 보았어.

느티나무는 우리나라 나무 가운데 은행나무와 함께 가장 오래 사는 나무로 유명해. 몇백 년은 보통이고 천 년 이상 살아온 느티나무가 스물다섯 그루나 되지. 산림청에서 조사하여 지방 자치 단체에서 지정·관리하는 보호수 고목 1만 4천여 그루 가운데 절반 이상이 느티나무야. 현재 천연기념물로 지정되어 보호받고 있는 느티나무도 열아홉 그루에 이르지.

느티나무는 오랜 옛날부터 우리 민족에게 사랑을 받아온 나무야. 고려 때까지만 해도 소나무보다 느티나무가 더 많았다고 해. 그처럼 오랜 세월 우리 민족과 함께 살아온 나무이다 보니 우리나라에는 느티나무에 얽힌 많은 이야기가 전해 내려오고 있어.

충청북도 영동군 학산면 박계리 마을 입구에는 '독립군 나무'로 불리는 느티나무가 서 있어. 수령 350년 이상으로 키 20미터, 둘레 10미터의 거목이야. 멀리서 보면 한 그루의 나무처럼 보이지만 원래는 각각 떨어진 두 그루의 나무야. 이 나무에게 '독립군 나무'라는 별명이 붙은 것은 일제 강점기에 독립군들의 독립운동을 도왔기 때문이야. 영동의 이 마을은 서울과 전국을 잇는 중요 길목이었어. 남쪽으로는 전북 무주, 서쪽으로는 충남 금산, 동쪽으로

는 경북 김천, 북쪽으로는 대전·서울과 통했어. 그렇기 때문에 일제의 감시를 피해 독립운동가들이 조직 구성원 간에 서로 연락을 취하고, 이 지역을 통과하는 일이 무엇보다 중요했지. 전국 규모의 독립운동을 펼치는 데는 반드시 필요한 일이었어. 일본 경찰도 이런 사실을 잘 알고 있기에 이곳의 감시와 순찰을 강화했어. 따라서 독립운동가들은 이 지역 주민들의 도움 없이는 이곳을 지나갈 수가 없었지. 그때 마을 사람들은 궁리 끝에 마을 입구에 서 있는 느티나무를 이용하기로 했어. 즉, 일본 경찰이 길목을 지킬 때는 느티나무에 흰색 헝겊을 걸었고, 일본 경찰이 없을 때는 느티나무에 아무것도 내걸지 않았어. 독립운동가들은 이렇게 마을 사람들과 암호를 주고받아 안전하게 이동할 수 있었지. 이 느티나무는 3·1 운동 때도 서울과 지방으로 독립 선언문을 전달하는 데 큰 공을 세웠어. 사람들이 느티나무 위에 올라가 일본 경찰의 동태를 살피거나, 나뭇가지에 특정 표식을 하여 일본 경찰의 단속을 피했기 때문이야.

영동의 느티나무는 이처럼 독립운동을 도와 '독립군 나무'로 불리게 되었어. 지금도 마을 사람들은 '마을을 든든히 지키고 있는 느티나무가 나라를 지키는 데 큰 도움이 되었다.'는 사실에 자부심을 느낀다고 해.

느티나무 전설 중에 '오수의 개'는 어떤 이야기예요?

느티나무의 전설 중에는 전라북도 임실의 '오수의 개' 이야기가 있어. 고려 고종 때의 문신인 최자의 『보한집』이란 책에도 실려 있는 이야기야.

옛날 전라도 임실의 영천리 마을에 '김개인'이란 사람이 개 한 마리를 기르며 살고 있었어. 어느 날 그는 개를 데리고 외출했다가 술을 잔뜩 마셨지. 얼마나 많이 취했는지 집으로 돌아오다가 들판에 쓰러져 잠이 들었어. 그때 들불이 타들어 와 그를 에워쌌어. 그러자 개는 냇물을 들락거리며 꼬리에 물을 묻혀 불을 끄고, 기운이 다하여 쓰러져 죽고 말았어.

주인은 개가 자기를 구하고 죽은 것을 보고는 매우 슬퍼하며 개를 묻어 주고 그 자리에 느티나무 지팡이를 꽂았어. 그 뒤 지팡이가 느티나무로 자라났는데, 개 오(獒)에 나무 수(樹), 즉 개 나무라고 해서 그곳 마을 이름이 '오수'가 되었어. 그 마을이 현재 전라북도 임실군의 오수 마을이야. 사람들은 '오수의 개' 이야기를 하며 주인을 구하고 죽은 개의 충성심을 높이 기렸다고 해.

20

대한민국 임시 정부는 하와이 사탕수수 농장 한인 노동자들의 피땀으로 운영되었다?

　1901년과 1902년 대한 제국은 대흉년으로 위기를 맞이했어. 굶어 죽는 사람들이 수없이 나왔지. 대한 제국 정부는 식량이 많이 부족하여 베트남 쌀인 안남미 30만 섬을 수입했어. 하지만 안남미는 우리나라 쌀과 달리 찰기가 없어 푸석푸석했어. 입으로 후 불면 날아갈 정도였어. 그래서 사람들은 안남미를 먹고 몸이 가벼워져서 바람이 많이 부는 날은 바람에 날아간다는 소문까지 돌았단다.

　그 무렵 대한 제국 황제 고종은 주한 미국 공사 호러스 알렌으로부터 한국인의 하와이 이민 요청을 받았어. 하와이 사탕수수 농장 주인들이 한국인의 노동 이민을 받아들이겠다는 거야. 고종이 이 요청을 승인하여 1902년 12월 22일, 이민 희망자 121명을 태운 배가 제물포항을 출발했지.

배는 일본 나가사키항에 닿았고 이민 희망자들은 신체검사를 받았어. 이 가운데 19명이 질병으로 탈락하여 나머지 102명이 하와이를 향해 떠났지.

1903년 1월 13일, 이들은 하와이 호놀룰루항에 도착했어. 여기서 다시 신체검사를 받아 16명이 질병으로 탈락하여 결국 86명만이 하와이 땅을 밟았단다. 이들은 열차로 갈아탄 뒤 오아후 섬 서북쪽에 있는 와이알루아의 모클레아 사탕수수 농장으로 보내졌어.

한인 노동자들은 사탕수수 농장에서 날마다 새벽 6시부터 오후 4시 30분까지 일했어. 점심시간 30분을 빼고 10시간 동안 일해야 했지. 폭염이 내리쬐는 가운데 허리를 구부린 채 칼로 억센 수숫대를 잘라야 했어. 허리가 아파 일어서면 현장 감독의 매운 채찍이 어김없이 날아왔지. 작업 중에는 동료와 말 한마디 나눌 수 없었으며 이를 어기면 채찍 세례를 받았어.

한인 노동자들은 죄수처럼 가슴에 번호판을 달았어. 작업 현장에서는 이름 대신 번호만으로 불리었지.

이들은 중노동에 시달리면서도 하루 품삯은 50~80센트에 불과했어. 식비와 방세를 내고 겨우 생활할 정도였지. 이들의 숙소는 양철 지붕으로 된 통나무집이었어. 하루 일을 마치면 숙소로 돌아와 담요 한 장을 덮고 잠을 청했지.

1903년부터 시작된 하와이 노동 이민은 1905년까지 이어졌어.

총 64회 7,415명이 하와이에 정착했지.

한인 노동자들은 낮은 품삯을 받으며 중노동에 시달리면서도 그 돈을 아끼고 아껴 독립운동 자금을 내놓았어. 그들은 1909년 12월부터 1910년 3월까지 4개월 동안 안중근 의사 재판 경비를 마련하기 위해 남녀노소 가리지 않고 헌금을 했지.

1919년 중국 상하이에 대한민국 임시 정부가 수립되자, 하와이 한인 노동자들은 금방 독립이 된 듯 만세를 부르며 춤을 추었어. 그러고는 임시 정부를 위해 사탕수수 농장에서 피땀 흘려 번 돈을 아낌없이 내놓았단다.

임시 정부는 독립운동 자금을 마련하기 위해 독립 공채를 팔

았어. 독립 공채는 조국이 독립하면 정부에서 갚는다는 조건으로 이시영 재무 총장 이름으로 발행한 것이었어. 그런데 하와이 이주 한인 노동자들은 어려운 형편에 있으면서도 조국 독립에 도움이 되겠다는 애국심에서 독립 공채를 샀다고 해. 그리하여 1920년대까지 200만 달러를 보내 주어 임시 정부의 재정에 큰 보탬이 되었지. 1932년 이봉창·윤봉길 의사의 의거도 하와이·미주 한인 동포들의 재정 후원이 있었기에 가능한 일이었어.

백범 김구는 『백범일지』에서 임시 정부를 후원한 하와이·미주 한인 동포들에게 고마워하며 죽기 전의 작은 소망이 그들을 만나는 것이라고 밝혔단다.

도산 안창호는 한인 노동자들에게 오렌지 한 개를 따는 것도 나라를 위하는 일이라고 말했다면서요?

하와이에서 일하던 한인 노동자들은 하나둘 미국 본토로 건너오기 시작했어. 미국 본토에는 철도 건설·광산 노동 등 높은 임금을 받을 수 있는 일자리가 있었기 때문이지.

한인 노동자들은 하와이를 떠나 샌프란시스코 지역으로 많이 이주했는데, 오자마자 어려움에 부닥쳤어. 이들은 가진 돈이 별로 없는 데다 대부분 영어를 전혀 말할 수 없었거든.

샌프란시스코에는 독립운동가인 도산 안창호가 유학을 와 있었어. 안창호는 한인들을 모아 공립 협회를 만들었는데, 야학을 세워 하와이에서 온 한인들에게 영어를 가르쳤어. 그리고 이들에게 일자리를 구해 주었지. 백인들이 소유한 오렌지 농장에서 일할 수 있도록 해 준 거야.

오렌지를 따는 일은 생각보다 쉽지 않았어. 온종일 뙤약볕 아래서 힘들게 일해야 했지. 안창호는 한인 노동자들과 함께 일하며 그들에게 다음과 같은 말을 하면서 격려했단다.

"여러분, 오렌지 한 개를 따도 정성을 다해야 합니다. 그것은 곧 나라를 위하는 일입니다. 우리가 성실하게 일하면 농장 주인들이 우리 한인들을 좋게 볼 것이고, 더 많은 한인들을 고용하지 않겠습니까? 그렇게 되면 자주독립에 우호적인 여론을 만들어 낼 수 있을 것입니다."

한인 노동자들은 안창호의 말에 깊은 감동을 받아 더욱 열심히 일했어. 그 결과 오렌지 농장 주인들 사이에 한인 노동자들이 성실하다는 소문이 퍼져, 더 많은 한인들이 농장에서 일하게 되었단다.

도산 안창호

21

나라꽃인 무궁화 보급에 앞장선 남궁억

남궁억은 일제 강점기에 언론 활동과 교육 사업으로 애국 계몽 운동을 벌인 독립운동가야. 서울에서 태어났으며 강원도 홍천과 경상도 동래에서 잠시 유소년기를 보냈어. 일제 강점기 이전에는 칠곡 부사·성주 목사·양양 군수 등 관료로 일했어. 서재필의 『독립신문』에 창간 기자로 활동하고 『황성신문』 초대 사장을 지냈으며, 『교육월보』라는 잡지도 발행했어. 일제 강점기에는 배화 학교 교사로 9년 동안 영어를 가르쳤고, 1918년에 선조의 고향인 강원도 홍천군 서면 모곡리(보리울)로 내려가 이듬해 모곡 학교를 세

워 교육에 전념했어.

남궁억 하면 빼놓을 수 없는 것이 남다른 무궁화 사랑이야. 배화 학교 교사 시절에 남궁억은 영어를 가르치면서도 틈틈이 학생들에게 우리 역사를 자세히 들려주었어. 그러면서 우리 꽃 무궁화를 잊지 않게 하기 위해서 무궁화꽃으로 뒤덮은 한반도 지도를 여학생들에게 수놓게 했지. 그때 남궁억은 이런 말을 하는 것을 잊지 않았어.

"여러분이 수놓은 이 아름다운 무궁화 금수강산을 여러분의 손으로 꼭 되찾아야 합니다."

남궁억은 홍천의 모곡 학교에서 무궁화 사랑 운동을 전개했어. 학교와 그 주위에 무궁화 7만 그루를 심어 무궁화동산을 가꾸었어. 그리고 무궁화 묘목을 길러서 전국의 학교와 교회 등에 보냈단다.

일제의 단속으로 무궁화 묘목을 보내는 일이 어려워지자 다른

방법을 찾았어. 무궁화 묘목과 함께 가꾼 뽕나무 묘목을 팔 때 일제의 눈을 피해 무궁화 묘목을 섞어 보내 전국에 무궁화를 퍼뜨린 거야. 무궁화 묘목이 어릴 때는 뽕나무 묘목과 생김새가 비슷하거든. 뽕나무인 줄 알고 심었다가 무궁화가 꽃을 피우면 사람들은 무궁화를 화단에 옮겨 심어 잘 가꾸었다는구나. 그렇게 해서 무궁화는 전국 방방곡곡에 퍼지게 되었지.

기독교 신자였던 남궁억은 홍천의 모곡에 교회를 세웠으며, 날마다 모곡의 유리산에 올라 '불의한 일본을 이 땅에서 몰아내 주시고, 우리 민족에게 불의에 굴하지 않는 힘을 주소서.'라고 기도했다고 해.

음악에 밝고 가야금도 잘 탔던 남궁억은 100여 곡의 노래를 지어 학생들에게 부르게 했어. 그 가운데는 「무궁화동산」이라는 노래도 있지.

우리의 웃음은 따뜻한 봄바람
훈풍을 만나 무궁화동산
우리의 눈물이 떨어질 때마다
또다시 소생하는 2천만

백화가 만발한 무궁화동산에

미묘히 노래하는 동무야

백천만 화초가 웃는 것같이

즐거워하라 우리 2천만

빛나거라 삼천리 무궁화동산

잘살아라 2천만의 조선족

남궁억은 무궁화동산을 가꾸면서 비밀리에 '무궁화 십자당'을 만들었어. 무궁화를 전국에 보급하여 민족정신을 드높이자는 것이었지.

1933년 어느 날 일본 경찰은 학생들이 부르는 「무궁화동산」 노래를 듣고 수사를 시작했어. 그리하여 모곡 학교에서 학생들에게 한국 역사를 가르치고 비밀 결사 조직인 무궁화 십자당이 활동 중임을 알아냈지.

모곡 학교는 강제로 문을 닫았고, 무궁화 7만 그루는 불태워졌지. 이 일이 '무궁화동산 사건'이야.

남궁억은 이 일로 일본 경찰에 붙잡혀 감옥에 갇혔어. 일본 경찰이 왜 학교에서 많은 무궁화를 재배했느냐고 묻자 남궁억은 대답했어.

"무궁화는 우리 민족을 대표하는 나라꽃이다. 이 꽃을 재배하여 많이 보급하면 민족정신을 드높일 수 있다. 그래서 무궁화 묘목을 길러 전국에 보급했다."

남궁억은 감옥에서 병을 얻어 1939년에 세상을 떠났어. 그는 다음과 같은 유언을 남겼지.

"내가 죽거든 무덤을 만들지 말고 무궁화 밑에 묻어 거름이 되게 하라."

무궁화는 어떻게 우리나라를 상징하는 꽃이 되었나요?

무궁화는 먼 옛날부터 우리 민족에게 사랑받은 꽃이야. '영원히 피고 또 피어서 지지 않는 꽃'이라는 뜻을 갖고 있지.

무궁화는 건국 초기부터 5천 년 넘게 우리 민족과 함께했어.

중국 지리서인 『산해경』에는 "군자의 나라가 북방에 있다. …… 무궁화가 많아 아침에 피고 저녁에 진다."고 기록되어 있어.

신라의 화랑들은 머리에 무궁화꽃을 꽂고 다녔으며, 통일 신라 시대 때 최치원은 신라를 '근화향', 즉 '무궁화의 나라'라고 불렀지. 안정복의 『동사강목』과 이수광의 『지봉유설』에도 우리나라를 '근화향'이라 일컬었어.

이렇듯 우리 민족에게 사랑받은 무궁화는 애국가에 '무궁화 삼천리 화려강산'이라는 구절이 들어가면서 우리나라를 상징하는 '나라꽃(국화)'으로 더욱 사랑받게 되었단다.

22

일제가 제 나라 국민들을 먹이기 위해 추진한 산미 증산 계획

1918년 7월 22일, 일본 혼슈의 동해 연안에 있는 도야마현의 우오즈항으로 주부 수백 명이 모여들었어. 우오즈항에서는 마침 부두 노동자들이 차에 실려 온 쌀을 배에 싣고 있었지. 이 쌀은 곡창 지대인 도야마현에서 생산된 것으로, 일본 홋카이도로 가져갈 쌀이었지.

이곳에 모인 주부들은 부두 노동자들 앞을 가로막으며 큰 소리로 외쳤어.

"지금 뭐 하는 짓이냐? 쌀을 배에 싣는 일을 그만두어라! 왜 우리 고장에서 생산된 쌀을 다른 지방으로 보내느냐? 쌀값을 내려 우리에게 팔아라!"

주부들은 부두 노동자들이 일하는 것을 방해하며 시위를 계속

했어. 그러자 신고를 받고 경찰이 달려왔지. 경찰은 주부들을 강제 해산시켰단다.

그러나 도야마현의 주부들은 8월 3일에 또 시위를 벌였어. 2백여 명의 주부들이 집회를 열고 이번에는 쌀가게로 몰려간 거야.

"쌀값이 왜 그리 비싸냐? 올해 초에 한 석에 15엔 하던 쌀값이 이번 달에 30엔으로 오르다니! 이게 말이 되느냐? 쌀값을 작년 수준으로 내려 우리에게 팔아라!"

주부들은 주먹을 불끈 쥐고 큰 소리로 외쳤어. 그때 다시 경찰이 출동했지. 경찰은 이들을 강제 해산시켰는데 그 과정에서 몇 사람이 다쳤단다.

이 소식이 전해지자 크게 오른 쌀값에 항의하는 사람들의 시위는 전국으로 퍼져 나갔어. 대도시는 물론 지방의 중소 도시, 농촌·어촌 등 5백여 곳에서 두 달 동안 70여만 명 이상이 시위에 참여했지.

이 사건이 바로 일본에서 일어난 '쌀 소동'이야. 군경을 동원해 강경 진압을 했던 데라우치 마사타케 총리는 이 사건에 책임을 지고 내각이 총사퇴를 했어. 그는 조선 총독부의 초대 총독을 지낸 인물이기도 하지.

일본에서 '쌀 소동'이 일어난 것은 쌀이 부족해지고 쌀값이 천정부지로 올랐기 때문이야.

쌀값이 오르기 시작하자 상인들은 쌀을 대량으로 사들여 쌓아 두고 시장에 내놓지 않았지. 그러자 쌀값은 몇 배로 뛰어올랐고, 돈이 있어도 쌀을 살 수 없게 된 거야. 이에 분노한 사람들이 '쌀 소동'을 일으켰던 거지.

제1차 세계 대전 이후 일본은 농업 국가에서 공업 국가로 변신했어. 공업이 발달하면서 공장에서 일하는 노동자는 85만 명에서 178만 명으로 늘어났지. 농민들이 농촌을 떠나 공장 노동자가 된 거야.

이렇게 되자 쌀 생산량이 크게 줄었고 쌀이 많이 부족해졌어. 더욱이 급속히 늘어난 공장 노동자들을 먹여 살릴 쌀이 많이 모자랐어.

이럴 때 조선 총독부가 발벗고 나서서 아이디어를 냈어. 제 나라 국민들을 먹이기 위해 산미 증식 계획을 추진하기로 한 거야. 식민지 조선에서 쌀의 생산을 늘려서 자기들 나라 일본으로 가져가겠다는 거지.

1917년부터 1919년까지 조선에서 생산된 쌀은 연평균 1,370만 석이었어. 이 가운데 2백만 석 가량이 해마다 일본에 수출되었지.

조선 총독부는 산미 증식 계획을 추진하며 1920년부터 1935년까지 해마다 8백만 석 이상의 쌀을 더 생산하고, 이 가운데 5백만 석 이상의 쌀을 더 일본에 보내기로 목표를 정했어.

그리하여 전국 각지에 수리 조합을 만들어 저수지와 보를 확충하고 밭을 논으로 바꾸었으며, 개간·간척 사업을 하여 논으로 일구었어. 그리고 우량 품종을 보급하고 재배법을 전했지.

이런 여러 사업으로 쌀 생산량이 해마다 늘어, 1931년에는 총 생산량 1,587만 2,999석의 56.8퍼센트에 이르는 쌀이 일본으로 수출되었어. 그러나 그 양은 조선 사람들이 먹어야 할 쌀의 56.8퍼센트를 일본에게 빼앗긴 셈이었어. 실제로 조선인의 1인당 쌀 소비량은 이전보다 많이 줄었거든.

1917년경에는 1인당 일 년에 쌀 일곱 말을 먹었는데, 1933년에는 너 말로 떨어졌으니 말이야. 결국 좋은 쌀은 일본으로 보내고, 조선인들은 모자란 분량을 만주에서 수입한 질 낮은 좁쌀 등의 잡곡으로 때워야 했지.

산미 증식 계획은 1934년에 중단되었어. 값싸고 질 좋은 조선 쌀이 일본에 많이 들어오자 일본 쌀이 팔리지 않게 되었거든. 일본에서 쌀이 남아 돌자 일본 쌀을 보호하기 위해 그런 조치를 취한 거야.

산미 증식 계획으로 자기 땅을 가진 농민들이 소작농으로 전락했다면서요?

한반도를 손아귀에 넣은 일제는 1910년부터 토지 조사 사업을 벌였어. 이 사업을 통해 식민지 조선의 많은 농민들로부터 토지를 빼앗았지. 그 결과 조선에서 최대 지주가 된 것은 조선 총독부에게 토지를 불하 받은 동양 척식 주식회사와 일본에서 이주한 일본인들이었어. 그리고 조선 농민의 75퍼센트가 소작농이 되었지.

소작 농민들은 지주에게 수확량의 50퍼센트를 소작료로 내야 했어. 80~90퍼센트를 내는 경우도 있어 그야말로 살인적인 소작료였지. 게다가 일제가 산미 증식 계획을 추진할 때는 수리 조합비·물 사용료·비료 대금·곡물 운반비 등 각종 공과금을 부담해야 했어. 그러니 농사를 지어도 남는 것이 별로 없었고 지주에게 빚을 얻어 써야만 했지.

자기 땅을 가진 농민들도 어렵기는 마찬가지였어. 전체 농기의 20퍼센트에도 이르지 못하는 이들은 산미 증식 계획을 추진할 때는 불이익을 당했어. 이 사업이 대지주 중심으로 추진되어 일본인 지주나 조선인 대지주에게는 수리 시설 개선, 농지 개량 등에 막대한 정부 보조금·장려금·저리 대출 자금이 주어진 반면, 중소 지주들에게는 그 혜택이 없었거든. 그 비용을 자비로 부담해야 했으니 많은 빚을 지고 토지를 헐값으로 넘겨 소작농으로 전락한 농민들이 적지 않았단다.

23

일제에 맞선 부자 소나무,
석송령

    일제 강점기인 1920년대에 경상북도 예천군 감천면 천향리 석평 마을에 이수목이란 사람이 살고 있었어. 그는 조상 대대로 농사를 지어 온 농부였어. 하지만 그의 집안은 손이 귀했지. 환갑을 넘긴 노인이었지만 그는 그때까지 자식이 없었어.
    '이제 살날이 얼마 남지 않았는데 큰일이군. 자식이 없으니 나의 재산은 누구한테 물려주지?'
    노인은 농부이기 때문에 논과 밭을 가지고 있었어. 죽을 날이 가까워 오기 때문에 그 재산을 어떻게 처리해야 할지 고민이었어.
    그러던 어느 무더운 날, 노인은 집 안에 앉아 열심히 부채질만 하다가 시원한 그늘이 있는 소나무로 갔어. 석평 마을에는 나이가 5백 살이 넘은 우람한 소나무가 마을 어귀에 서 있었어.

이 소나무가 심어진 것은 5백여 년 전이었어. 당시에 풍기 땅에는 비가 많이 와서 홍수가 났어. 그때 마을 앞 개천으로 어린 소나무가 떠내려 왔는데, 지나가던 길손이 그것을 건져 마을 어귀에 심었던 거야. 그 소나무가 자라 높이 11미터, 둘레 3.67미터 그리고 그늘 면적이 324평에 이르는 고목이 되었지.

노인이 나무 그늘을 찾아 누워 잠이 들었는데 어디선가 이런 소리가 들려왔어.

"걱정하지 말아라!"

그는 깜짝 놀라 눈을 떴어. 아무리 두리번거려도 나무 말고는 아무도 없었어.

'소나무가 말을 했나? …… 에이, 그럴 리가 있겠어?'

노인은 소나무를 올려다보았어. 혹시 누가 소나무 위에 올라가 있지 않나 싶어서였지. 하지만 사람은커녕 새 한 마리 앉아 있지 않았어.

'정말 소나무가 말을 했나?'

믿을 수 없다는 듯 다시 소나무를 올려다보았을 때, "걱정하지 말아라! 걱정하지 말아라!" 하고 외치는 소리가 들려왔어. 아까보다 더 큰 소리였어. 노인은 까무러칠 듯이 놀랐지.

'소, 소나무가 진짜 말을 하네! 세상에, 이럴 수가!'

그때 노인은 잠에서 깨어났는데, 꿈이었어.

'야, 정말 희한한 꿈이네. 소나무가 내게 말을 걸어오다니. 그런데 나보고 걱정하지 말라고? 내가 걱정거리가 있다는 것을 소나무가 어떻게 알았지?'

꿈이긴 하지만 아무리 생각해도 신기하기만 했어.

'소나무는 왜 내게 걱정하지 말라고 했지?'

노인은 나무 그늘에 앉아 소나무가 한 말을 곰곰이 생각해 보았어.

'소나무가 그런 말을 한 것은 모든 것을 자기한테 맡기라는 게 아닐까? 내 문제를 해결해 줄 테니.'

노인은 집으로 돌아와서도 계속 생각에 잠겼어.

'그래, 바로 그거야. 소나무는 내게 재산을 자기한테 물려 달라고 한 거야. 그렇게 하면 모든 문제가 해결된다는 것이겠지.'

노인은 얼굴 표정이 밝아졌어. 소나무에게 재산을 물려주기로 결심한 거야. 그는 당장 군청으로 달려갔어. 그리고 자신의 논밭을 소나무 앞으로 돌리는 등기 이전 수속을 밟았어.

'석송령(石松靈)'은 이수목 노인 소유의 토지 1,191평을 물려받아 토지 대장에 오른 새 주인의 이름이었어. '석평 마을에 사는 영혼

이 있는 소나무'라는 뜻이지. 주민 등록 번호도 '3750-00248'이었어. 이리하여 석송령이란 소나무는 이때부터 해마다 꼬박꼬박 재산세를 내게 되었지. 석송령이 갖고 있는 논밭에서 얻어진 수익금은 해마다 이 마을 학생들에게 장학금으로 전해졌어.

이수목 노인이 소나무에게 자기 재산을 물려준 데는 이유가 있었어. 소나무가 땅 주인이 되어야 자기 재산이 마을의 공동 재산이 되어 마을 사람들에게 도움을 줄 수 있다고 생각했기 때문이야. 이것은 1927년에 있었던 일이지.

이수목 노인은 소나무에게 자기 재산을 상속하고 세상을 떠났어. 그 뒤 마을 사람들은 '석송계'를 만들어 이를 관리하고, 지금도 해마다 '부자 소나무'를 위해 음력 정월 열나흘 날 자시(밤 11시부터 오전 1시까지의 동안)에 정성을 다해 제사를 지내고 있다고 해.

천연기념물 제294호로 지정된 석송령은 일제에 맞선 소나무로도 유명해. 어느 날 일본 경찰은 석평 마을에 있는 석송령을 베어 없애기로 했어. 소나무를 베어 내어 민족정기를 말살하고 일본 군함을 만드는 재료로 쓰기로 했던 거야.

일본 순사는 톱을 자전거에 싣고는 인부들을 거느리고 마을을 향해 출발했어. 그런데 그가 석평 마을 가까이 와서 개울을 건너려 할 때였어. 갑자기 자전거가 쓰러지더니 핸들이 부러졌어. 일본 순사는 자전거와 함께 넘어져 목이 부러져 죽고 말았어. 인부들은 소스라치게 놀랐지.

"일본 순사가 소나무를 베려고 하다가 천벌을 받았나 봐."

"으악, 벼락이 떨어지기 전에 얼른 도망치자!"

인부들은 기겁을 하고 그 자리에서 달아났어. 그 뒤 일본 경찰은 겁에 질려 이 소나무를 베지 못했다고 해.

석송령은 신령스러운 소나무로 널리 알려졌어. 6·25 전쟁 때는 비행기 폭격을 피해 소나무 밑으로 피신한 사람들은 전혀 피해를 입지 않았다고 해.

예천 천향리 석송령

석송령이 사는 예천 땅에
세금을 내는 나무가 또 있다면서요?

경상북도 예천군 용궁면 금남리에는 석송령처럼 토지를 소유하여 세금을 내는 나무가 있어. '황목근'이라는 이름을 가진 팽나무야. 봄에 노란색 꽃을 피운다고 하여 성을 '황(黃)'이라 하고, '뿌리가 있는 나무'라고 하여 '뿌리 근(根)' 자를 붙여 이름을 '목근'이라 했지.

천연기념물 제400호로 지정된 황목근은 2,821평을 물려받아 토지 대장에 토지 주인으로 올라 있어. 주민 등록 번호는 3750-00735야.

높이 12.7미터, 둘레 5.65미터에 5백 살쯤 된 황목근이 토지 주인이 된 것은 1939년이란다. 이 나무가 있는 금남리 금원 마을에서 공동 재산인 토지를 황목근에게 등기 이전을 해 준 거지.

그리하여 황목근은 해마다 꼬박꼬박 재산세를 내게 되었어. 황목근이 갖고 있는 논에서 얻어진 수익금은 해마다 이 마을 학생들에게 장학금으로 전해진단다.

24

베를린 올림픽에서 손기정이 받은 '월계관수'는 대왕참나무였다?

베를린 올림픽에서 마라톤 경기가 열린 날은 1936년 8월 9일이었어. 베를린 올림픽 경기장에서는 세계 27개국 56명의 선수들이 힘차게 출발했지. 그 가운데는 손기정 선수와 남승룡 선수가 있었어. 이들은 나라를 빼앗긴 국민이었기 때문에 태극기를 가슴에 달고 한국 대표로 올림픽에 나갈 수가 없었어. 태극기 대신 일장기를 가슴에 달고 일본 대표로 올림픽 마라톤 경기에 나설 수밖에 없었단다.

이번 대회 강력한 우승 후보는 아르헨티나의 자바라 선수였어. 그는 우승 후보답게 앞으로 쑥쑥 나아가 일등으로 달리기 시작했지. 반환점에 이르러서도 순위는 바뀌지 않았어. 자바라가 여전히 일등으로 달리고 있었어. 반환점까지 자바라의 기록은 1시간 8분,

손기정의 기록은 1시간 12분이었어. 자바라에 비해 손기정은 4분이나 뒤져 있었지. 그때까지 손기정은 4위로 달리고 있었고 남승룡은 24위로 처져 있었어.

하지만 후반부로 가면서 두 선수는 힘을 냈어. 남승룡은 비스마르크 언덕에서 열세 명이나 제치며 끈질기게 쫓아왔고, 손기정은 32킬로미터 지점에서 영국의 하퍼 선수와 함께 자바라 선수를 앞질렀어. 그리고 손기정은 한동안 하퍼와 나란히 달렸지.

손기정은 죽을힘을 다해 뛰기 시작했어. 그리하여 마침내 하퍼마저 따돌리고 일등으로 나섰어. 하퍼가 따라잡으려 했지만 도저히 앞지를 수 없었어. 손기정은 달릴수록 더 속도를 내는 것이야. 결국 하퍼는 2위로 만족해야 했어.

그러나 2위도 안심하기에는 일렀어. 남승룡이 무섭게 뒤쫓아왔기 때문이야. 어느새 많은 선수들을 제치고 3위로 달리고 있었어. 일등으로 달리고 있는 것은 손기정이었어. 그는 하퍼를 여유 있게 따돌리고 마침내 결승점이 보이는 베를린 경기장으로 들어섰어.

경기장 안은 함성으로 가득했지. 관중들은 일등으로 들어오는 손기정을 열렬한 박수와 환호성으로 맞이한 거야. 손기정은 드디어 일등으로 결승점에 들어왔어. 2시간 29분 19초 2, 세계 신기록이었어. 남승룡도 세 번째로 들어와 올림픽 마라톤 경기에서 두 선수는 1위와 3위를 차지했어.

시상대에 올라 선 손기정과 남승룡의 눈에는 눈물이 쉴 새 없이 흘렀어. 그들의 가슴에는 태극기 대신 일장기가 달려 있고 눈앞에는 태극기가 아닌 일장기가 올라가고 있어서였어.

손기정은 머리에 월계관을 쓰고 손에는 작은 나무 화분을 쥐고 있었지. 올림픽에서는 마라톤 우승자에게 월계수 잎으로 엮은 월계관과 그 월계관을 만든 월계수 화분을 부상으로 수여했거든. 그런데 독일에서 열린 베를린 올림픽에서는 지중해성 기후에서 자라는 월계수를 구할 수 없어 북아메리카에서 자라는 대왕참나무를 구해 월계관을 만들고 그 나무 화분을 마라톤 우승자인 손기정에게 주었단다.

시상대에 올라 금메달을 목에 건 손기정은 나무 화분으로 자신의 가슴을 가렸어. 가슴에는 태극기가 아닌 일장기가 달려 있어서였지. 그 순간 함께 시상대에 오른 남승룡은 손기정이 몹시 부러웠다고 해. 손기정에게는 일장기를 가릴 수 있는 나무 화분이 있었으니 말이야.

일제는 나무 화분으로 일장기를 가린 손기정을 그냥 두지 않았어. 그를 '위험인물'로 보고 계속 감시했으며 일정 기간 마라톤 경기에 나가지 못하게 했지.

8월 9일 마라톤에서 우승한 손기정은 10월이 되어서야 배를

타고 고국으로 돌아왔어. 세계 여러 나라를 다니며 축하 행사에 참석해야 했거든. 손기정은 화분에 심겨진 나무를 아침마다 물을 주며 정성을 다해 돌보았지.

서울 만리동에 있는 손기정의 모교인 양정 고등보통학교에서는 손기정이 가져온 나무를 교정에 심기로 했어. 하지만 곧 추운 겨울이 오니 바로 심을 수 없었지.

양정 고등보통학교에는 무교회주의자로 유명한 김교신이 생물 교사로 근무하고 있었어. 김교신은 나무를 온실에 보내 겨울을 나게 하자는 동료 교사의 말을 듣지 않고 자신의 집에 나무 화분을 겨우내 보관했단다.

이듬해 봄, 나무는 양정 고등보통학교 교정에 심어졌어. 나무는 '손기정 월계관 기념수'로 불리며 무럭무럭 자라났지. 키는 15미터쯤 되어 건물 4~5층 높이로 솟았어.

'손기정 나무'가 심어졌던 양정 고등학교는 1988년 양천구 목동으로 옮겨 갔어. 그래서 그곳은 '손기정 체육공원'으로 만들어져 나무가 여지껏 그 자리를 지키고 있지.

'손기정 나무'는 서울특별시 기념물 제5호로 지정되어 보호를 받고 있단다.

손기정 선수의 베를린 올림픽 우승 직후 '일장기 말소 사건'이 일어났다면서요?

손기정이 올림픽 마라톤에서 우승을 차지한 뒤 『조선중앙일보』 유해붕 기자는 8월 13일 자 신문에, 손기정의 가슴에 단 일장기를 지운 사진을 실었어.

그리고 『동아일보』 8월 25일 자 신문에도 일장기를 지운 사진이 실렸지. 동아일보사 이길용 기자가 신문에 손기정 선수의 사진을 실으면서 삽화 담당 직원인 화가 이상범을 시켜 그의 가슴에 있던 일장기를 지우게 한 거야.

이 신문이 나오자 조선 총독부는 동아일보사 직원들을 잡아들이고 신문사에 무기 정간 처분을 내렸단다.

『조선중앙일보』에도 일장기를 지운 사진이 실렸다는 사실을 뒤늦게 알고 유해붕 기자를 감옥에 가두었어. 『조선중앙일보』는 자진 휴간했다가 결국 폐간되고 말았지.

이 일을 '일장기 말소 사건'이라고 해. 이 사건은 일제 강점기에 민족의 울분을 표현하고 민족의 저항 정신을 보여 준 사건으로 평가받고 있단다.

25

중앙아시아로 강제 이주되어
벼농사 성공 신화를 이룬 연해주 한인들

　1937년 9월 초, 러시아 연해주에 사는 한인들에게 날벼락 같은 소식이 날아들었어. 소비에트 연방공화국(구소련) 정부가 독재자 스탈린의 비밀 지령에 따라 한인 20만 명을 중앙아시아로 집단 이주시키기로 했다는 거야.

　당시는 일본이 중일 전쟁을 일으켰을 때였어. 구소련 정부는 일본과 전쟁을 하게 되면 연해주 한인들이 일본 편을 들 것이라고 여겼어. 일본은 연해주 한인들을 자기네 국민이라고 주장했거든. 그래서 한인들을 중앙아시아로 집단 이주시켜 위험의 불씨를 없애기로 했지.

　또 다른 이유는 벼농사를 잘 짓는 연해주 한인들을 활용하기 위해서였어. 이주 당시 중앙아시아는 기근과 전염병으로 수백만 명이 희생을 당해 농사지을 일손이 부족했지.

　카자흐스탄의 경우 1929년, 농업 인구가 120여만 가구였던 것이 불과 몇 년 만에 50여만 가구로 크게 줄어 들었단다.

　따라서 구소련 정부는 중앙아시아의 농촌을 살리고 일손 부족을 덜기 위해 연해주 한인들을 집단 이주시키기로 한 거야.

　연해주 한인들은 정말 농사를 잘 지었어. 러시아 연해주 지역에 조선의 농민들이 정착하기 시작한 것은 1863년이었어. 조선 땅에 흉년이 계속되자 먹고살기 위해 연해주로 이주하는 사람들이 해마다 늘어났지.

　한인들은 처음에 밭농사만 하다가 1900년쯤 벼농사를 시작했어. 벼농사는 밭농사에 비해 손이 많이 가고 까다로워 짓기가 쉽지 않았어. 게다가 연해주의 기후와 토질이 벼농사에 맞지 않아 러시아인과 중국인들도 벼농사는 손도 못 대고 있었지. 그런데 한인들은 연해주에서 벼농사를 지을 만한 땅을 용케도 찾아내어 농사를 짓기 시작했어. 그리하여 생산량을 점점 늘려 연해주에서 생산되는 곡물 가운데 벼가 차지하는 비중을 크게 늘렸지. 이때부터 연해주 한인들은 벼농사를 잘 짓는 민족으로 소문이 났단다.

　구소련 정부는 연해주 한인들을 강제 이주시키기 전에 한인 지도자 2천 5백여 명을 '일본 간첩'이라는 혐의를 뒤집어씌워 처형해 버렸어. 그러자 한인 사회는 공포에 휩싸였지.

한인들이 이주를 통보받은 것은 떠나기 일주일 또는 2~3일 전이었어. 준비 기간이 짧아 집과 재산도 그대로 두고, 2~3일 치 양식만 겨우 챙겨 떠나야 했지.

노인들 중에는 조상의 묘소에서 떠낸 흙 한 줌을 수건에 싸서 가져간 사람도 있었어.

구소련 정부는 단 한 사람도 남겨 두지 않았어. 병원에 입원한 사람은 강제로 퇴원시켰으며, 임산부·노인 가리지 않고 모든 사람들을 열차에 태웠어.

연해주 한인들의 강제 이주는 1937년 9월 9일부터 12월 25일까지 진행되었어. 총 124대의 수송 열차로 17만 1,781명을 이주시켰지.

수송 열차는 객차·화물차·가축 운반차 등을 이어 붙인 50량짜리 열차였어. 객차에는 경찰·호송 요원들과 사범 학교 교수, 신문사 직원, 극단 단원 등 엘리트 계층이 탔어. 하지만 대부분의 사람들은 화물차·가축 운반차에 태워져 실려 갔지.

가축 운반차는 가축 분뇨 냄새가 진동했어. 화물차는 유리창도 없고 널빤지로 막아 놓아 열차가 달릴 때면 널빤지 사이로 찬 바람이 들어왔어.

열차에는 화장실도 없었어. 열차가 잠깐 서면 허허벌판에 내려 저마다 볼일을 보았지.

한인들은 2~3일 치 양식만 가져갔기에 목적지에 도착할 때까지 한 달 동안 굶주림에 시달렸어. 다음 역에 닿을 때 얼른 내려 매점에서 빵과 우유를 사 먹거나, 집단 농장 근처에 열차가 정차하면 밭에서 감자를 캐 먹었지.

열차 안에서는 세수도 목욕도 할 수 없었어. 옷에는 늘 이가 들끓어 열차가 정차하면 내려서 옷을 벗어 이를 털기에 바빴지.

열차 안에는 의사도 약도 없었어. 환자가 생기면 치료도 못 받고 죽어 갔어. 사람이 죽으면 열차가 멈췄을 때 가족들이 철로 근처에 서둘러 묻었어. 가족이 없는 사람의 시신은 열차 밖에 던져졌지.

열차 여행을 하는 동안 많은 사람들이 추위와 굶주림으로 목숨을 잃었어. 특히 노약자와 어린이들의 희생이 컸지. 이주 도중 죽

은 사람은 무려 2만 5천~3만 명에 이르렀어.

    중앙아시아의 우즈베키스탄과 카자흐스탄은 연해주에서 6천 킬로미터나 떨어진 곳이야. 건조한 반사막 지대로, 여름에는 아주 덥고 겨울에는 매우 추운 곳이었지. 제정 러시아 때는 유배지로 널리 알려진 곳이었어. 그래서 그곳에 사는 사람들은 한인들을 보고 이렇게 물었다고 해.

    "당신들은 무슨 죄를 지었기에 이런 황무지에 버려졌나요?"

    한인들은 우즈베키스탄과 카자흐스탄에 나뉘어 배치되었어. 이들은 토굴이나 움막을 짓고 살거나 민가의 헛간을 얻어 살았어. 그해 첫겨울을 나면서 노인과 두 살 아래 어린이들이 대부분 목숨

을 잃고 말았지.

　1938년 봄이 되자 한인들은 농사를 짓기 위해 팔을 걷어붙이고 나섰어. 농기구도 없이 수로를 파서 물길을 내고 논을 만들었어. 그러고는 연해주에서 가져온 볍씨를 심었지. 수천 년 묵은 갈대밭은 그들의 피나는 노력으로 옥토로 변했어.

　한인들은 이주한 첫해에 풍년을 맞이했어. 벼농사가 잘 되어 현지인들보다 오십 배나 많은 쌀을 거두어들인 거야.

　한인들은 몇 년 안 되어 우즈베키스탄과 카자흐스탄 지역을, 구소련을 대표하는 쌀 생산지로 만들었어. 탁월한 농업 기술과 타고난 근면성으로 중앙아시아에 벼농사의 성공 신화를 이룩한 거지. 강제 이주를 당해도 낯선 땅에서 잘 정착한 한인들은 중앙아시아뿐 아니라 구소련에서 첫손꼽히는 소수 민족이 되었단다.

한인들은 연해주에서
어떻게 지냈어요?

 연해주는 러시아의 시베리아 동해 연안에 있는 지방이야. '프리모르스키' 또는 '마리팀'이라고 하며 중심 도시는 블라디보스토크지. 블라디보스토크는 러시아 말로 '동방을 다스린다.'는 뜻인데, 러시아 극동 함대의 근거지였으며 시베리아 철도의 종점이기도 해.
 연해주는 원래 숙신·말갈·여진의 땅으로 중국의 지배 아래 있었어. 그런데 1860년 청나라와의 베이징 조약에 의해 러시아 영토가 되었지.
 연해주는 땅이 넓고 기름지며 숲이 울창한 곳이야. 그래서 두만강을 사이에 두고 연해주와 접하고 있는 조선의 농민들은 강을 건너 연해주로 들어갔어. 물론 농사를 짓기 위해서였지. 그러나 그것은 봄에 와서 농사를 지어 가을에 돌아가는 계절형 이주였어. 조선 영조 때 '국경을 허락 없이 넘는 자는 참수형에 처한다.'는 법이 발표되었기 때문에, 해마다 농민들은 목숨을 걸고 두만강을 건넌 셈이었지.
 그러다가 1863년에 함경도 농민 13가구가 남부 우수리 포시에트항에서 5킬로미터쯤 떨어진 지신허에 정착했어. 이것이 연해주 한인 이주에 대한 최초 기록으로 남아 있지.
 조선의 농민들이 연해주로 이주했다는 소문은 조선에까지 전해졌어. 그러자 탐관오리들에게 착취를 당하던 사람들이 앞다투어 두만강을 건너왔어. 그리하여 1864년 30가구, 1865년 65가구, 1866년 100여 가구, 1867년 500명, 1868년 900명이 지신허 마을로 몰려들었어. 특히 1869년에는 조선의 육진 지방에 큰 흉년이 들어 그해 6월부터 12월까지 6,500명이 이주했어. 하지만 이 가운데 3분의 2가 빈털터리여서 절반 이상이 굶어 죽었다고 해.

1870년대에는 한인들의 이주가 우수리 지역 전체로 확산되었어. 그래서 1878년에는 20개 마을에 6,142명의 주민이 살고 있었어.

조선인 이주민들은 각 마을마다 자치 기구를 만들어 서로 도우며 살았어. 결혼식·장례식 때는 물론 이웃 중에 집이 불탔으면 모두가 나서서 집을 다시 짓도록 도왔어. 그리고 여행자에게는 방을 내주어 숙식을 제공했는데, 동포는 물론 러시아인·중국인에게도 그렇게 했어.

1900년대에 접어들어 일제의 식민지 지배가 시작되자, 연해주에는 많은 사람들이 몰려들었어. 그리하여 연해주는 독립운동의 근거지가 되었지. 인구도 엄청나게 늘어나 20만 명에 이르렀어.

그러나 1937년, 연해주에 사는 한인들은 스탈린에 의해 중앙아시아로 강제 이주를 당했어. 이때 444개에 이르는 한인 마을이 사라져 버렸고, 한인들은 70여 년 동안 피땀으로 일구어 놓은 생활 터전에서 쫓겨나고 말았단다.

26

일제의 악명 높은
식량 강제 공출

　　일제는 중일 전쟁, 태평양 전쟁 등 침략 전쟁을 치르면서 식량 사정이 나빠졌어. 전시 체제에 들어가 일본군의 군량미가 필요했는데 쌀이 많이 모자랐거든. 그래서 일제는 일본군에 보낼 군량미를 확보하기 위해 1940년부터 양곡 공출제를 실시했어. 식민지 조선에서 양곡의 자유로운 유통을 통제하고, 농민들에게 공출량을 할당하여 곡식을 의무적으로 팔도록 한 거야.

　　이때의 상황을 윤치호는 1940년 10월 6일 자 일기에 이렇게 적어 놓았어.

　　…… 어떤 종류의 곡식이든 간에 도시로 반입하거나 한 마을에서 다른 마을로 반출되는 게 금지되고 있다. 깊은 절망감에 사

로잡힌 채 서울에 살고 있는 사람들은 부족한 식량을 채우기 위해 시골에서 쌀을 구하고자 갖가지 속임수를 쓰고 있다. 하지만 당국은 이들을 무자비하게 수색하고, 한 줌의 쌀이나 떡이나 미숫가루나 심지어는 쌀로 만든 과자조차 압수한다. 왜 이렇게 잔인하게 구는 걸까?

일제는 태평양 전쟁을 일으킨 1941년부터는 식량 공출을 강제적으로 실시했어. 각 마을에 공출량을 할당하여 공출을 강요했지. 할당량을 채우지 못하면 군·면 서기와 경찰이 수색대를 만들어 죽창을 들고 집집마다 다니며 수색을 했어. 마을 사람들이 숨겨 놓

은 곡식을 찾으려고 말이야. 그래서 곡식을 찾아내면 모조리 빼앗아 갔지.

1942년부터 극심한 가뭄이 3년 동안 계속되었지만 식량 강제 공출은 중단하지 않았어. 일제는 1943년 총생산량의 68퍼센트인 1,264만 석의 쌀을 공출해 갔지.

공출 매입 가격은 형편없었어. 생산비에도 미치지 못하는 낮은 금액이었어. 그것도 잡부금으로 대신하거나 강제로 저축을 시키는 경우도 많아 곡식을 빼앗긴 것이나 다름없었어.

농민들은 피땀 흘려 농사를 지었건만 양식이 없어 굶어 죽을 지경이었어. 일제가 만주에서 수입해서 나눠 준 콩·피 등의 잡곡이나 고구마·감자·나무껍질로 겨우 목숨을 이어 갔지.

1940년 쌀로부터 시작된 공출은 식량난이 극에 달하자 보리·밀·대두·소두·녹두·감자·고구마·밤·피마자·낙화생·무화과·복숭아·임자·백차 등 농산물의 품목이 늘어났어. 그리고 농산물을 공출해 가는 것도 모자라 가축·목재·생선·종이·고철·놋그릇·요강·숟가락·비녀·가락지·관솔·걸레·잡초까지 빼앗아 갔지. 전쟁 물자를 조달하기 위해 '공출'이란 이름 아래 온갖 물품을 탈취해 간 거야.

일제는 왜
식량 배급제를 시행했나요?

전쟁이 길어지면서 일제는 군량미를 확보하기 위해 1940년부터 양곡 공출제를 실시했지. 이와 더불어 시행한 것이 식량 배급제야. 시장에서 쌀 매매를 금지하고 공출제를 실시했기 때문에 주민들은 굶주림에 시달려야 했어. 그래서 일제는 식량 배급제를 통해 식량을 나누어 주고, 남은 식량을 일본군에 보내어 군량미로 사용했지.

농촌에서는 '자기 소비량'을 정하여 이를 제외한 분량의 곡식을 공출했어. 따라서 식량 배급제는 도시 지역에서 이루어졌지. 하지만 농촌에서도 공출량을 할당하여 강제 공출하면 남는 곡식이 별로 없었기에 콩깻묵·만주 좁쌀 등의 대용식을 배급했단다.

식량 배급 방법은 처음에 전표제로 하다가 1943년부터 배급증을 사용하는 통장제로 바꾸었어. 배급증에는 배급받을 분량을 표시하여 식량 배급 조합에서 식량을 배급해 주었지. 그런데 배급증에는 애국반 반장의 도장이 찍혀 있어야 식량을 배급받을 수 있었어. 애국반은 전 조선인을 대상으로 하여 10호 단위로 만들어진 조직이야. 일제는 애국반을 통해 주민들을 통제하고 관리했지. 식량을 배급받을 수 있는 배급증에 애국반 반장의 도장을 받아오게 함으로써 애국반에서 매달 열리는 반상회 참여를 높였단다.

27

일제가 벚꽃에 비유한 가미카제 특공대에 희생당한 조선인 청년들이 있었다?

　　1941년 12월 7일 진주만 공격으로 태평양 전쟁을 일으킨 일제는 1942년 미드웨이 해전에서 미국 함대에 크게 패한 뒤 수세에 몰리기 시작했어. 전쟁 물자가 풍부하고 군사력이 강한 미국은 1942~1943년에 남태평양의 섬들을 하나하나 점령해 갔지. 1944년 6월 마리아나 해전에서는 일본 해군이 자랑하는 항모 기동 부대를 무찔렀으며, 그해 7월에는 사이판을 함락시켰어. 이로써 일본 본토에 대한 미군의 공습이 가능해졌지.

　　8월 13일, 괌도 손아귀에 넣은 미국은 10월에 필리핀을 점령하기 위해 레이테 해전을 준비했어. 당시에 일본군은 패색이 짙어 갔지. 필리핀마저 미국에 내준다면 이 전쟁은 승산이 없다는 것을 일제 군부는 잘 알고 있었어. 그래서 미군의 공격을 저지하고 불리한 전세를 만회하기 위해 특단의 조치를 마련했지. 그것은 바로 가미카제 특공대의 자살 공격이었단다.

가미는 '신(神)', 카제는 '바람'으로, 가미카제는 '신이 일으킨 바람'이라는 뜻이야. 일본은 1274년과 1281년에 고려·몽골 연합군의 침공을 받은 적이 있었어. 하지만 고려·몽골 연합군은 일본 땅을 밟기도 전에 태풍을 만나 전멸당하고 말았지. 이때 불었던 바람을 '가미카제'라 불렀는데, 일본 해군은 미군을 공격할 특공대의 이름을 '가미카제'로 정했어.

가미카제 특공대를 만든 사람은 필리핀에 주둔 중이던 일본 해군 제1함대 사령관 오니시 다키지로 중장이었어. 그는 1944년 10월 19일, 201 해군 항공대 본부에서 부하 장교들을 모아 놓고 회의를 했지.

"이번 레이테 해전은 반드시 승리해야 한다. 적의 항공 모함을 공격해 적기가 뜨는 것을 막으려면, 폭탄을 실은 비행기를 몰고 직접 들이받는 자살 공격이 가장 효과적이다. 항공 모함 갑판을 공격한다면 적어도 일주일은 갑판을 사용하지 못할 것이다."

오니시 다키지로의 제안에 201 항공 부대 부장 다마이 중령 등의 장교들이 찬성의 뜻을 밝혔어.

"좋은 방법입니다. 비행기에 250킬로그램짜리 폭탄을 싣고 육탄 공격을 한다면 항공 모함 갑판을 파괴할 수 있습니다."

"그렇게 되면 항공 모함 갑판의 사용을 일시적으로 정지시킬 수 있지요."

이리하여 그날 가미카제 특공대가 조직되었어. 지휘는 세키 유키오 대위가 맡았으며 제10기 갑종 비행 연습생 출신 조종사들로 네 개의 공격대를 만들었지.

이들은 10월 21일부터 출격했어. 그리하여 25일에는 미군 호위용 항공 모함 한 척이 침몰되고 다른 선박 다섯 척이 침몰되는 손실을 입혔지.

일제 군부는 자살 공격이 성과가 있다고 보고 가미카제 특공대의 활동을 이어 갔어. 일제가 패망할 때까지 3천 8백여 건의 자살 공격을 했는데, 미군 함정 마흔일곱 척이 침몰하는 피해를 입었지. 하지만 자살 공격으로 인해 일본군의 최고급 인재인 젊은 조종사 4천여 명 이상이 아까운 목숨을 잃었단다.

가미카제 특공대의 자살 공격은 큰 위력이 없었어. 성공률은 6퍼센트에 지나지 않았지. 비행기가 목표물에 도달하지 못하고 바다에 추락하기 일쑤였어. 그 이유는 폭탄이 너무 무겁거나 속도가 맞지 않고 비행기가 기계 고장을 일으켜서였지.

가미카제 특공대는 지원병 중심으로 이루어졌다고 알려져 있지만 실제는 그렇지 않았어. 선발을 맡은 장교가 대상자들을 모아 놓고 "천황 폐하와 대일본 제국을 위해 성전에 목숨을 바치자."고

연설한 뒤 그 자리에서 지원을 받았지. 그런데 지원을 거부하는 병사는 별로 없었어. 그랬다가는 노골적인 학대와 보복을 당했거든. 나중에는 형식적인 지원 절차도 없이 부대원 전체가 지원하는 것으로 처리했단다. 특공대원들은 80퍼센트 이상이 비행 연습생 출신이거나 학도병 출신들이었어. 해군병 학교나 육군 사관 학교 출신의 정통 군인들은 많지 않았지.

가미카제 특공대원들 중에는 조선인 청년들도 있었어. 그 가운데 신원이 밝혀진 사람은 인재웅·박동훈·최정근·김상필·탁경현·노용우 등 열여섯 명이야. 조선인 가미카제 특공대원은 열여섯~스무 명쯤 되는 것으로 추정하고 있어.

그중에서 인재웅은 일본명 '마쓰이 히데오'로, 1944년 11월 29일, 필리핀 레이테만에서 가미카제 특공대원으로 자폭 공격을 하여 목숨을 잃었지. 그때 그의 나이 겨우 스물한 살이었어. 시인 서정주는 『매일신보』 12월 9일 자에 그의 죽음을 미화한 시 「마쓰이 오장 송가」를 발표했단다.

마쓰이 히데오!
그대는 우리의 오장 우리의 자랑.
그대는 조선 경기도 개성 사람
인씨의 둘째 아들 스물한 살 먹은 사내

마쓰이 히데오!
그대는 우리의 가미카제 특별 공격대원

(중략)

장하도다
우리의 육군 항공 오장 마쓰이 히데오여
너로 하여 향기로운 삼천리의 산천이여
한결 더 짙푸르른 우리의 하늘이여

─서정주, 「마쓰이 오장 송가」 중에서

서정주가 조선 총독부 기관지 『매일신보』에 이런 시를 발표한 것은 조선 청년들에게 마쓰이 오장처럼 가미카제 특공대로 나가 '천황 폐하와 대일본 제국을 위해 장렬히 전사하라.'고 선전하기

위해서였어. 그는 이 시로 '친일 시인'이라는 오명을 얻었지.

　인재웅을 비롯한 가미카제 조선인 특공대원들은 나라를 잃은 백성으로 강제로 전쟁터로 끌려가 억울하게 희생당한 사람들이었단다. 일본 군국주의자들에 의해 꽃다운 나이에 목숨을 잃었던 거지. 그런데 일본 군국주의자들은 가미카제 특공대원들을 '사쿠라', 즉 벚꽃에 비유하며 그들이 전쟁터에서 죽은 것을 '떨어져 흩날리는 사쿠라 꽃잎'으로 표현했어. 가미카제 특공대원들의 허무한 죽음을 두고 나라를 위해 목숨을 바쳤다며 '사쿠라처럼 지는 것'이라고 해서 '산화(散華)'라고 불렀지. 가미카제 특공대원들이 비행기를 타고 출격할 때는 여학생들이 벚꽃 꽃가지를 흔들며 전송했어.

일본 군국주의자들은 가미카제 특공대원들이 죽으면 국가신으로 봉해져 야스쿠니 신사에 묻힐 거라고 선전했어. 그래서 가미카제 특공대원들은 출격하기 전에 "야스쿠니 신사에서 만나자."고 서로 인사하며 헤어졌지. 어떤 군가에는 "야스쿠니 신사의 사쿠라로 다시 태어나자."는 가사가 나오는데, 가미카제 특공대원들 중에는 출격하기 전에 "사쿠라가 되어 야스쿠니 신사에서 만나자."고 마지막 인사를 나누기도 했지. 유족들도 전사자가 벚꽃이 되어 야스쿠니 신사에 있다고 믿고 꽃을 보러 야스쿠니 신사로 모여 들었다는구나.

우리나라에는
왜 벚나무가 많이 있죠?

벚꽃은 일본말로 '사쿠라'인데 일본 사람들이 가장 좋아하는 꽃이야. 일제는 일제 강점기에 우리나라 곳곳에 벚나무를 많이 심었지. 그러다 보니 진해를 비롯한 벚꽃놀이 명소가 많이 생겼단다.

일제는 왕궁의 존엄성을 훼손시키고 황실의 권위를 떨어뜨리기 위해 창경궁을 창경원으로 격하시키고 그 안에 동물원과 식물원을 만들었어. 그리고 벚나무를 많이 심었지. 그 바람에 창경원은 벚꽃놀이의 명소가 되어 전국에서 30만 명이 넘는 사람들이 모여들었어.

우리 민족은 본래 벚꽃놀이를 즐기지 않았다고 해. 왕벚나무 원산지가 한국이라는 사실이 밝혀졌지만, 벚꽃나무가 널리 퍼진 것은 일제 강점기부터였지.

창경원 벚꽃놀이는 1984년부터 창경궁 복원 사업이 시작되어 벚나무를 여의도·어린이 대공원 등지로 옮겨 심으면서 자취를 감추었어.

하지만 벚꽃놀이는 벚나무가 자생하는 전국 곳곳에서 봄철 연중행사로 오늘날까지 계속되고 있단다.

28

남북 분단의 아픔을 겪는 은행나무가 있다?

은행나무는 은행나뭇과에 속하는 낙엽이 지는 큰키나무야. 은행나뭇과는 세계에서 오직 1속 1종만이 남아 있어. 따라서 지구에서 가장 외로운 나무라 할 수 있지.

중국이 원산지로 현재 남아 있는 자생지는 중국 양쯔강 하류의 천목산에 있어. 은행나무라는 이름은 '은(銀)'과 '행(杏:살구)'이 합하여 열매가 살구와 비슷하고 은빛이 난다고 해서 붙여졌어. 중국에서는 잎이 오리발처럼 생겼다고 '압각수(鴨脚樹)', 열매를 손자대에 가서야 본다고 '공손수(公孫樹)' 등으로 불리지.

은행나무는 2억 5천만 년 전인 고생대 말 페름기부터 오늘날까지 살고 있는, 지구상에서 가장 오래된 식물 가운데 하나야. 그래서 '살아 있는 화석'이라는 별명도 갖고 있지.

은행나무는 암나무와 수나무가 따로 있단다. 암나무는 암꽃이 피고 열매가 열리는데, 수나무는 수꽃이 피고 열매가 열리지 않지. 은행나무는 암나무와 수나무가 가까이 있어야 열매가 열린단다. 수나무의 꽃가루가 바람을 타고 날아가 암나무의 암꽃과 만나야 수정이 이루어지거든.

인천시 강화군 서도면 볼음도에 있는 천연기념물 제304호 은행나무는 수나무야. 북한의 황해도 연안읍 호남리에 있는 북한 천연기념물 제165호인 은행나무 암나무와 부부 사이였지.

연안읍 호남리에는 호남 고등중학교가 있는데, 그 뒤 운동장 터에서 수나무와 암나무는 오순도순 잘 살았단다. 그런데 이 부부 은행나무에게 비극이 닥친 것은 고려 때인 8백여 년 전이었어.

어느 날 이곳에 장대 같은 비가 억수로 쏟아졌어. 비는 그치지 않고 여러 날 계속 내렸지. 연안벌야 일대는 홍수로 물바다가 되어 버렸단다. 그때 은행나무 수나무는 홍수로 인해 뿌리째 뽑혀 바다로 떠내려갔어.

황해도 연안 땅에서 바다 건너 이십 리쯤 떨어진 곳에는 외딴 섬인 볼음도가 있어. 은행나무 수나무는 볼음도 부근 바다까지 떠내려갔지.

"저기 둥둥 떠내려오는 게 뭐지?"

"앗, 은행나무잖아!"

"홍수 때문에 떠내려오나 봐. 우리가 건져 내자."

마침 볼음도 바닷가에는 주민들이 모여 있었어. 이들은 수나무를 건져 내어 섬의 야산에 옮겨 심었지. 그리하여 수나무는 섬에서 뿌리를 내리고 살게 되었어.

그러던 어느 날이었어. 볼음도 주민들은 이상한 소리를 듣게 되었단다.

"우웅! 우웅!"

어디선가 들려오는 울음소리였어.

"이게 무슨 소리지? 짐승 소리도 아니고……."

주민들은 울음소리가 나는 곳을 찾아가 보았어. 그랬더니 바다에서 건져 내어 다시 심은 은행나무가 "우웅! 우웅!" 하고 울고 있는 거야.

"은행나무가 슬피 울고 있네!"

"도대체 왜 우는 걸까?"

이 소문은 바다 건너 연안 땅까지 전해졌어. 그리고 며칠 뒤 연안읍 호남리에 사는 주민들이 배를 타고 볼음도에 왔단다.

"이 섬에 떠내려온 은행나무가 있죠?"

호남리 주민들은 볼음도 주민들을 만나 이렇게 물었어.

"그런데 무슨 일로 오셨죠?"

"이 섬에 온 은행나무는 수나무입니다. 우리 동네에 암나무가 있지요. 지난 홍수 때 수나무가 뿌리째 뽑혀 이곳으로 떠내려왔어요."

"아, 그런 사연이 있었군요. 수나무가 왜 울음소리를 내나 했더니, 헤어진 암나무가 그리워서였어요."

볼음도 주민들과 호남리 주민들은 상사병에 걸린 은행나무를 조금이나마 위로해 주기로 했어. 그래서 해마다 1월 30일에 풍어제를 올려 은행나무 부부의 이산의 아픔을 달래 주었단다.

그런데 수백 년 동안 이어져 왔던 풍어제는 남북이 갈라지자 중단되고 말았어.

그러자 남쪽에 있는 수나무는 북쪽에 두고 온 암나무를 그리워하여 "우웅! 우웅!" 하고 울음소리를 내기 시작했지. 사람들은 이 울음소리를 들을 때마다 하루빨리 통일이 이루어져서 다시 풍어제를 올릴 날을 두 손 모아 기원한다는구나.

은행나무는 언제 우리나라에 들어왔나요?

은행나무가 언제 우리나라에 들어왔는지 정확히 밝혀진 것이 없어. 다만 중국에서 불교나 유교와 함께 들어온 것으로 짐작할 뿐이야. 중국에서는 공자가 항상 제자들을 은행나무 아래에서 가르쳤다고 은행나무를 사당이나 서원 근처에 많이 심었어. 우리나라에서도 이를 본받아 공자를 모시는 사당인 문묘, 향교, 절 안에 은행나무를 많이 심었지.

은행나무는 키가 60미터까지 자라고 아주 오래 살아. 그래서 우리나라에는 오래된 은행나무 고목들이 많이 남아 있지.

은행나무는 가을 단풍이 아름답고 병충해가 거의 없으며 공해에 매우 강해. 따라서 가로수·정원수·공원수·방풍수·방화수·분재 등으로 많이 심어진단다.

은행나무는 재질이 단단하고 좋아 고급 가구재·조각재·바둑판·밥상 등으로 쓰이지. 은행나무 잎은 고혈압·심장병·파킨슨병·당뇨병 등에 약으로 이용되고, 열매인 은행은 맛이 좋아 식용으로 쓰이거나 기침·천식·폐결핵·종기 등에 약으로도 사용한단다.

29

배추와 무, 감자 등을 개량하여 한국의 식량난을 해결한 우장춘

1950년 3월 8일, 부산행 부두에 사람들이 모여들었어. 그들은 '환영 우장춘 박사 환국'이라고 쓰인 플래카드를 들고 있었지.

우장춘이 배에서 내리자 사람들은 손뼉을 치며 그를 맞이했어.

"환영합니다! 어서 오세요!"

우장춘을 열렬한 환영으로 맞이한 사람들은 '우장춘 박사 환국 추진위원회' 김병규 회장과 회원들이었어. 이들은 8·15 광복과 정부 수립 후 '우장춘 박사 환국 추진 운동'을 시작했지. 경남도지사인 김병규는 『원예와 육종』 편집장을 지낸 김종, 동래 원예고 교장 김흥수 등과 '우장춘 박사 환국 추진 위원회'를 만들었어. 그리고 모금 운동을 벌였지.

우장춘은 일본에서 활동한 세계적인 육종학자였어. 그는 유전

학과 품종 개량이 접목된 분야인 육종학을 연구하는 농학자로서, 일본에서는 1937년부터 다키이 종묘 회사의 연구 농장에서 양배추·무·배추 등의 채소 종자 개량을 연구했어. 그리하여 좋은 품종의 채소 종자들을 많이 개발했지.

뜻있는 사람들이 우장춘을 한국으로 불러들인 것은 우리 농촌이 곤경에 처해 있어서야. 8·15 광복 후 우리 농촌은 식량 부족을 겪고 있었어. 이를 해결하려면 농산물을 대량 생산할 수 있는 우량종자를 개발해야 하는데 그럴 만한 연구 인력이 없었어. 일제강점기에는 일본산 농산물 종자를 수입해서 사용했으나 광복 후에는 그 길마저 막혀 농산물 종자를 구할 수가 없었지. 따라서 우량종자 개발로 농촌을 일으켜 식량난을 해결하려고 우장춘을 한국으로 데려온 거야.

열흘 뒤 동래 원예고등학교에서 우장춘을 환영하는 모임이 열렸어. 한복 차림으로 참석한 우장춘은 단상에 올라 말했어.

"저는 지금까지 어머니의 나라인 일본을 위해서 일본인에게 뒤떨어지지 않을 정도로 노력해 왔습니다. 그러나 이제부터는 아버지의 나라인 한국을 위해서 최선을 다해 일할 각오입니다. 저는 이 나라에 뼈를 묻을 것을 여러분께 약속합니다."

우장춘이 이런 인사말을 한 것은 일본에서 일본인 어머니와 한국인 아버지 사이에서 태어났기 때문이야.

우장춘의 아버지는 명성 황후를 시해한 사건인 을미사변에 가담했던 훈련대 제2대대장 우범선이야. 범행 직후 일본으로 달아나 일본 여인을 만나 결혼하여 우장춘을 낳았지. 우범선은 우장춘이 여섯 살 때 암살범 고영근에게 살해당했어. '역적'의 아들이었던 우장춘은 아버지를 대신하여 조국에 속죄하기 위해 아버지의 나라인 한국으로 돌아왔던 거야.

'우장춘 박사 환국 추진위원회'에서는 우장춘이 한국으로 돌아오기 전에 가족의 생활비로 100만 엔을 송금했어. 우장춘은 가족을 일본에 남겨 둔 채 혼자 한국으로 왔거든. 하지만 그는 그 돈을 가족의 생활비로 쓰지 않았어. 오히려 그 돈으로 실험용 기구, 육

종학 서적, 농산물 종자 등을 사 가지고 와 사람들을 놀라게 했지.

우장춘은 부산 동래에 설립된 한국 농업 과학 연구소 소장으로 취임하여 연구 활동을 시작했어. 그는 일본과 한국의 여러 무와 배추를 교배하여 새로운 품종을 개발했지. 1957년에 드디어 우리나라 사람들이 즐겨 먹는 김장 채소에 적합한 무, 배추 종자의 대량 생산에 성공했어. 이로써 우리나라 농민들은 한국에서 나온 채소 종자를 사다 심을 수 있게 되었단다.

또한 우장춘은 감자에 대해서도 연구했어. 당시에 우리나라 농촌에서 재배하는 씨감자는 바이러스 병이 심하여 수확량은 절반도 되지 않았어. 우장춘은 이런 점을 안타깝게 여겨 우리 토양에 맞는 감자 품종을 만들어야겠다고 마음먹었지.

병이 없는 씨감자를 생산하려면 여름에도 선선한 곳이 좋은데, 우장춘이 찾은 곳은 강원노 대관령의 고원 지대였어. 우장춘은 그곳에서 실험을 거듭하여 병이 없는 씨감자 품종을 개발하는 데 성공했지. 우장춘이 만든 씨감자는 6·25 전쟁 이후 심각했던 식량난을 해결하는 데 크게 이바지했단다.

우장춘은 제주도가 감귤 재배에 적당한 곳임을 발견하고 정부 당국자와 농민들에게 감귤 재배를 적극 권했어. 그 뒤로 제주도는 우리나라 감귤 생산의 본거지가 되었지.

우장춘은 말년에 벼 품종 개량에 몰두했어. 그 결과 새로운 법

씨를 개발하여 북위 36도 이북에서도 일 년에 두 번 농사짓는 일이 가능해졌지.

우장춘은 열정적으로 한국 농업의 부흥을 위해 온 힘을 쏟았는데 그가 한국에 온 지 9년째 되는 해인 1959년 뜻하지 않은 병마가 찾아왔어. 십이지장 궤양 수술을 받았다가 병세가 악화된 거야.

우장춘은 죽어 가면서도 문병 온 제자에게 물었어.

"벼는 어떻게 되어 가니? 가져왔니?"

다른 제자가 벼를 가져오자 우장춘은 흡족한 미소를 지었어.

"벼가 잘 자랐구나. 잘 보이는 곳에 놓아두렴."

우장춘의 부탁으로 제자는 벼를 비닐봉지에 넣어 링거 병을 거는 파이프에 묶어 놓았단다.

우장춘이 숨을 거두기 사흘 전, 한국 정부는 그에게 대한민국 문화 포장을 주었어. 우장춘은 병상에서 떨리는 손으로 메달을 살며시 쥐고 말했지.

"고맙다. 조국은 나를 인정했다."

1959년 8월 10일 새벽 3시 10분, 우장춘은 벼 이삭을 바라보다가 조용히 숨을 거두었단다.

우장춘은 씨 없는 수박을 발명하지 않았다면서요?

우리나라에서는 우장춘 하면 누구나 씨 없는 수박을 떠올리지. 우장춘이 세계 최초로 씨 없는 수박을 발명했다고 믿는 사람들이 많은데, 우장춘은 씨 없는 수박을 발명하지 않았어. 세계 최초로 씨 없는 수박을 발명한 사람은 일본 교토 대학의 기하라 히토시 교수야.

우장춘은 1953년에 동래 원예 시험장에서 씨 없는 수박을 심어 가꾸었어. 시험장에 견학 온 농민들과 학생들은 씨 없는 수박을 보고 감탄을 금치 못했지. 이들은 집으로 돌아가 "우장춘 박사가 발명한 씨 없는 수박을 보고 왔다."고 소문을 퍼뜨린 거야. 그래서 세상에는 우장춘이 씨 없는 수박을 발명했다는 이야기가 널리 퍼졌지.

1955년 8월, 대구에서는 한국 농업 과학 연구소 산하 기관인 한국농업과학협회 주최로 '우장춘 박사 환영회 겸 씨 없는 수박 시식회'가 개최되었단다. 이 행사는 우장춘이 개발한 배추·무 등의 채소 종자를 선전하는 것이 목적이었어. 그런데 관심을 끌어 사람들을 불러 모으려고 씨 없는 수박 시식회를 곁들인 거지. 이 작전은 성공을 거두었어. 씨 없는 수박 덕분에 우장춘이 만든 채소 종자를 농민들에게 널리 보급할 수 있었단다.

30

통일벼가
온 국민의 배를 불려 주었다?

1970년대 초까지만 해도 우리나라는 쌀이 모자랐어. 1970년에는 쌀 100만 톤을 수입했는데, 전체 쌀 소비량의 4분의 1 분량이었어. 쌀이 늘 부족하다 보니 정부에서는 쌀 소비를 줄이려고 1962년부터 혼분식 장려 운동을 시작했어. 쌀을 팔 때는 잡곡을 20퍼센트 섞도록 했지. 1969년부터는 '무미일(無米日)'을 정하여 매주 수요일과 토요일 오전 11시부터 오후 5시까지는 쌀로 만든 음식을 팔지 못하게 했어. 무미일에는 식당에 암행 단속반이 출동하여 솥단지까지 뒤졌지. 쌀로 만든 음식을 팔다가 적발되면 엄벌에 처하도록 했어.

학교에서는 혼분식 장려를 철저히 시행하여 학생들의 도시락을 일일이 검사했어. 날마다 조회 시간에 담임 선생님이 도시락

점검을 하여 잡곡을 30~50퍼센트 이상 섞지 않은 학생은 벌로 교실 청소를 시키거나 수업 시간에 세워 두기도 했단다. 또는 학부모를 학교로 불러 잡곡을 섞은 도시락을 싸 주겠다는 각서를 쓰게 했지.

그 당시엔 쌀을 아끼기 위해 정부에서 '전국 쥐잡기 운동'을 벌였어. 일 년에 1억 마리 쥐가 곡식 32만 톤을 먹어치운다나? 1970년 1월 26일 제1차 쥐잡기 운동에서 쥐 4,150만 마리를 잡아 곡식 106만 6천 석의 손실을 막았다고 대통령에게 보고했다는구나. 쌀을 아끼자는 절미 운동이나 쥐잡기 운동이나 쌀 소비를 줄여 보자는 정부 차원의 눈물겨운 노력이라 할 수 있겠지.

식량 부족 문제는 정부가 반드시 해결해야 할 우선 과제였어.

그래서 식량의 자급자족을 위한 벼 품종 개량 사업에 매달렸지.

1970년 박정희 대통령은 연두 기자 회견에서 '기적의 볍씨'라는 통일벼를 개발했다고 발표했어. 농촌진흥청이 필리핀의 국제 미작 연구소와 협력하여 5년간의 연구 끝에 획기적인 신품종을 탄생시켰다는 거야. 통일벼는 기존 품종보다 수확량이 30퍼센트 이상 높아 기대를 모았지.

통일벼는 1970년대에 일반 농가에 보급되어 재배 면적을 급속하게 늘려 나갔어. 그리하여 1965년 350만 톤이었던 생산량이 1975년 467만 톤, 1977년 600만 톤으로 늘어나 마침내 쌀 자급자족을 이루었지. 통일벼가 온 국민의 배를 불려 주게 된 거야.

그러나 통일벼는 수확량이 많다는 장점과 함께 단점도 있었어. 우선 다른 품종에 비해 추위에 약했지. 1980년 냉해로 전국에 흉년이 들었을 때 통일벼는 다른 품종보다 더 큰 피해를 입었어.

가장 심각한 문제는 밥맛이었어. 통일벼는 찰기가 없고 푸석푸석하여 한국인의 입맛에 맞지 않았거든. 그러니 농민들에게 인기가 없었지. 1980년대 이후 통일벼는 생산량이 급속하게 줄었고 1992년부터 정부가 수매를 중단하여 역사 속으로 사라졌단다.

6·25 전쟁 이후 식량이 부족해, 수제비를 밥 대신 만들어 먹었다고요?

수제비는 밀가루를 반죽하여 펄펄 끓인 맑은 장국이나 미역국 등에 적당한 크기로 떼어 넣어 익힌 음식이야. 호박·양파·감자·파 등의 채소를 넣으면 더욱 맛있고 구수하지.

조선 시대에는 수제비를 '운두병(雲頭餠)'이라고 했어. 『조선무쌍신식요리제법』에는 수제비의 조리법에 대해 이렇게 밝혀 놓았어.

> 좋은 밀가루에 다진 고기와 파, 장, 기름, 후춧가루, 계피가루 등을 넣고 반죽하여, 닭을 삶아 얻은 장국물에 이 밀가루 반죽을 숟가락으로 알맞게 떠 넣어 익힌다. 그러고는 그릇에 담아 닭고기를 얹어 먹는다.

수제비는 530년에서 550년 사이에 만들어진 『제민요술』에서 '박탁'이라는 이름으로 나올 만큼 오래된 음식이야. 그러나 우리나라에는 언제 들어왔는지 정확히 알려진 바가 없고 통일 신라 시대 전후에 들어오지 않았나 추정되고 있어.

수제비는 밀가루가 주원료이기 때문에 밀가루가 귀했던 고려 시대나 조선 시대에는 서민들의 음식이 아닌 양반층의 음식으로 이용되었어. 그러다가 6·25 전쟁 이후 값싼 밀가루를 구호물자로 외국에서 들여오면서 서민들의 음식이 되었지. 식량이 부족해 수제비를 밥 대신 만들어 먹었기 때문이야.

31

세계가 깜짝 놀란
우리나라의 산림녹화

8·15 광복 이후 우리나라의 산은 절반 이상이 민둥머리 붉은 산이었어. 산에서 나무를 구경하기 어려웠지. 그것은 일제가 산에 있는 나무들을 마구 베어 버렸기 때문이야.

태평양 전쟁을 일으켰던 일제는 전쟁에 필요한 에너지를 얻느라 목재는 물론 나무껍질, 나뭇잎, 나무뿌리까지 빼앗아 갔거든.

6·25 전쟁을 치르면서 그나마 남아 있던 산림은 더욱 파괴되었어. 전 국토가 전쟁터였기 때문에 산은 몹시 황폐해졌지.

당시는 가정용 연료가 땔감이었어. 난방과 취사를 위해 장작·숯·낙엽 등을 연료로 사용했지. 따라서 사람들은 산의 나무를 마구 베어 오거나 나뭇가지·나무뿌리를 자르고 낙엽까지 긁어 와야 했단다. 그러니 산은 더욱 헐벗게 되었지.

어느 통계 자료에 따르면, 1955년 한 해 동안 우리나라 산림의 17퍼센트 이상이 아궁이 속 땔감으로 사라졌다고 해. 산림 도벌의 피해는 당시에 밀수·탈세·폭력·마약과 함께 5대 사회악의 하나로 지정할 만큼 심각했지.

화전도 산림 황폐화의 주범이었어. 1973년 정부가 제1차 치산 녹화 사업을 시작했을 때에 우리나라에는 화전민 30만 호가 있었어. 화전 면적은 12만 5,000헥타르로 산림 면적의 1.3퍼센트에 불과했지만, 화전민은 전체 농가 호수의 13~14퍼센트나 되었어. 화전을 만들려면 나무를 베고 산에 불을 놓아야 하기에 산림 피해는 여간 크지 않았지.

산림 파괴로 인한 국토 황폐화를 내버려 둘 수 없어 정부는 1946년부터 산림녹화 사업을 시작했어. 4월 5일을 식목일로 정해 나무 심기 사업을 벌였지. 그러나 민둥산이 너무 많았고 토양이 황폐하여 심은 나무가 뿌리를 내리지 못하고 말라 죽었어.

그리고 연료가 없는 농촌 주민들이 그나마 살아남은 나무들을 베어 갔지. 게다가 곧 6·25 전쟁이 터졌으니 산림녹화 사업은 아무 성과 없이 끝나고 말았단다.

산림녹화 사업이 본격적으로 진행된 것은 1973년이었어. 정부는 제1차 치산 녹화 10개년 계획을 수립했지. 그리하여 전 국민을 대상으로 나무 심기 운동을 벌였어. 직장·마을·학교·기관 등을 통해 나무를 심게 한 거야. 이를테면 농촌 마을 주민들은 반경 2킬로미터 안에 있는 야산을 맡아 책임지고 나무를 심어 가꾸도록 했지.

1973년 봄, 전국의 산림에 심은 나무는 11만 헥타르에 2억 9,700만 그루였어. 10개년 계획으로 100만 헥타르에 21억 그루의 나무를 심기로 했는데, 6년 만인 1979년에 그 목표를 달성했지. 이어서 제2차 치산 녹화 10개년 계획을 수립하여 1987년에 달성했단다.

그러나 산림녹화를 위해 나무만 심은 것은 아니었어. 우리나라를 푸른 강산으로 만들려면 먼저 해야 할 사업이 있었어. 그것은 가정용 연료의 대체와 화전 정리였지.

앞서 밝혔듯이 당시는 가정용 연료가 땔감이었어. 산림의 황폐

화를 막으려면 산에 있는 나무를 베어다 쓰는 대신 값싸고 좋은 화석 연료를 사용하도록 해야 했지. 그래서 정부는 무연탄으로 만든 연탄의 생산을 늘려서 나무 연료를 무연탄으로 대체하기 시작했단다.

이 효과는 아주 컸어. 물론 나무를 땔감으로 쓰는 것을 금지했지만 무연탄이 대중화하면서 산에 나무를 하러 가는 사람들이 사라졌지.

산림 황폐화의 주범인 화전 정리는 1974년부터 1979년까지 5개년 계획으로 진행되었어. 화전민들에게 한 가구당 4,500평의 개간지를 주어 개간을 지원해 주고, 이주하는 곳의 주택 건축비를 보조하는 등 생활 대책을 마련해 주었지. 그 결과 화전이 모두 산림으로 복구되었고 화전으로 인한 산림 피해를 막을 수 있었단다.

또한 그린벨트 제도를 마련하여 도시화로 인한 산림 파괴를 막고 대도시 주민들에게 숨 쉴 공간을 주었지.

우리나라의 산림녹화 사업은 성공적으로 이루어졌어. 1980년대 이후 우리나라의 산은 민둥산에서 금수강산으로 변했지.

1982년 유엔은 우리나라를 '제2차 세계 대전 이후 산림녹화에 성공한 유일한 개발 도상 국가'라고 높이 평가했단다.

북한의 산은 어째서 민둥산이 되었나요?

북한의 산림 면적은 906만 헥타르야. 한반도 전체 면적의 60퍼센트를 차지하지. 하지만 북한의 산은 대부분 나무들이 사라져 민둥산으로 변해 버렸단다. 그 이유는 식량 확보를 위해 무리하게 다락밭(계단밭)을 많이 만들어서야.

1980년대부터 북한은 산간 지역에서 '새 땅 찾기' 운동을 벌였는데, 급경사 비탈길을 개간하여 다락밭을 만들도록 했지. 식량 부족으로 인한 조치였지만 산에 나무를 베고 불을 질러 화전을 일구다 보니 산림은 파괴되고 황폐화했단다.

또 다른 이유는 가정용 연료를 얻기 위해 나무를 마구 베어 버려서야. 1990년대에 와서 경제난으로 농촌 가정에 연료 배급이 줄자 북한 주민들은 추운 겨울에 땔감을 구하려고 높은 산에까지 올라가 나무를 벌채했지. 그 바람에 북한의 산림은 크게 훼손되었단다.

그 밖에 외화벌이를 위해 함경도 · 자강도 · 양강도의 나무를 베어 다른 나라에 팔았던 것도 북한의 산림을 망가뜨렸지.

32

아프리카 사람들을 굶주림에서 구한
'옥수수 박사' 김순권

　　김순권은 우리나라가 낳은 세계적인 '옥수수 박사'야. 옥수수 관련 연구로 유명한 분이지.

　　그가 처음 옥수수와 인연을 맺은 것은 대학을 졸업한 뒤 1969년 농촌진흥청에 취직하면서지. 작물 시험장 연구사보로 옥수수과에서 옥수수 연구를 시작했어.

　　김순권은 다른 연구원들이 한 해에 5만 번의 교배를 시킬 때 50만 번의 교배를 시킬 만큼 열정적으로 쉬지 않고 옥수수 연구를 했단다.

　　1971년, 동서문화센터 장학생으로 뽑혀 미국 하와이 대학교로 유학을 떠난 김순권은 세계적인 육종학자이자 최고 권위자인 브루베이커 교수 밑에서 옥수수 교잡종 육성법을 배웠어. 이때 병이 날

정도로 열심히 일하고 공부하여 농학 박사 학위를 받았지. 그리고 1974년에 고국으로 돌아와 농촌진흥청 작물 시험장 농업 연구관으로 우리나라에 맞는 새로운 품종을 개발하는 일에 열중했어.

이때 그가 개발에 성공한 것이 교잡종 옥수수 수원 19호, 20호, 21호야. 이 교잡종 옥수수는 병충해에 강하고 수확량이 많은 옥수수 종자야. 농가에서는 그해 수확량을 90퍼센트나 늘렸을 뿐만 아니라 농가 순소득을 세 배나 높여 농민들에게 큰 사랑을 받았단다.

1979년에 아프리카의 나이지리아로 간 김순권은 국제 열대 농업 연구소에서 아프리카에 맞는 새로운 옥수수 품종을 개발하기 시작했어.

나이지리아에는 '악마의 풀'이라 불리는, '스트라이가'라는 식물이 있었어. 이 식물은 옥수수 뿌리에 달라붙어 양분을 빨아먹기 때문에 옥수수를 말라 죽게 했지. 지금까지 선진국 과학자들이 스트라이가를 없애려고 100년에 걸쳐 연구했지만 아무도 성공하지 못했어.

그러나 김순권은 17년의 연구 끝에 이 스트라이가와 함께 살면서 건강하게 잘 자랄 수 있는 옥수수를 개발하는 데 성공했어. 그 덕분에 나이지리아에서는 많은 옥수수를 재배할 수 있게 되었고, 아프리카 사람들은 굶주림에서 벗어나게 되었단다.

나이지리아 사람들은 감사의 뜻으로 그에게 '자군몰루'와 '마이에군'이라는 명예 추장 자리를 주었어.

　'자군몰루'는 '위대한 뜻을 이룬 사람'이라는 뜻이고, '마이에군'은 '가난한 사람들을 배불리 먹인 사람'이라는 뜻이야. 김순권은 이 공로로 다섯 번이나 노벨상 후보에 올랐지.

　1995년에 우리나라로 돌아온 김순권은 북한의 기아 문제 해결에 관심을 갖고 국제 옥수수 재단과 함께 북한 동포들을 돕는 일을 시작했어. '평화의 옥수수'라는 사업을 추진하며 굶주림에 시달리는 북한 동포들을 위해 옥수수밭을 일구어 연간 50만 톤이 넘는 옥수

수를 수확할 수 있게 했지.

　국제 옥수수 재단 이사장인 김순권은 요즘도 새로운 옥수수 품종을 개발하기 위해 작업복에 운동화를 신고 밤낮없이 옥수수밭을 누비고 있단다.

옥수수는 아메리카 사람들을 먹여 살렸다면서요?

옥수수는 볏과에 속하는 한해살이풀이야. 줄기는 곧게 서며 껍질이 단단하고 속이 꽉 차 있지. 높이 1.5~2.5미터로 자라며 꽃이 7~8월에 피어. 암꽃 이삭이 세로로 늘어서서 열매로 성숙하는데, 옥수수 한 줄기에 옥수수 속대가 두 개씩 달리지.

옥수수는 벼·밀과 함께 세계 3대 식량 작물이야. 원산지는 남아메리카의 볼리비아·에콰도르·페루 등 안데스산맥의 저지대나 중앙아메리카의 멕시코로 추정되는데, 수천 년 전부터 남북 아메리카 대륙에 걸쳐 널리 재배되었어. 1492년, 아메리카 대륙을 발견한 콜럼버스에 의해 스페인에 전해졌으며 그 뒤 30년에 걸쳐 전 유럽에 퍼졌지.

옥수수는 아메리카 대륙 원주민들뿐 아니라 그 대륙에 세워진 나라도 먹여 살렸어. 1810년 7백만 명이던 미국 인구는 옥수수를 많이 먹으면서 100년 만에 9천 2백만 명으로 늘어났다고 해.

옥수수는 16세기경 중국에 전해졌는데 스페인에서 아랍을 거쳐 중국에 전해졌거나 포르투갈 상인을 통해 중국에 전해졌다는 두 가지 설이 있어.

우리나라는 조선 시대에 발간된 『산림경제』에 옥수수 재배법이 실려 있는 점으로 보아 16세기경 중국을 통해 옥수수가 들어온 것으로 보고 있어. 하지만 고려 시대에 원나라군에 의해 옥수수가 들어왔다는 설도 있어.

'옥수수'라는 이름은 중국 음의 '위수수(玉蜀黍)'에서 유래하여 한자의 우리식 발음인 '옥수수'가 되었어. 그런데 수수와 달리 알맹이가 구슬처럼 빛난다고 해서 구슬 '옥(玉)' 자를 붙여 '옥수수'가 되었다는 설도 있어. 우리나라에서 옥수수는 '강냉이'·'강내이'·'강내미' 등으로 불리지.

옥수수는 강원도 산간 지방에서는 밥 대신 먹는 주식이 되었으며 평지에서는 간식으로 이용되었어. 옥수수는 찌거나 구워서 먹고, 쌀이나 잡곡과 섞어 먹으며, 녹말을 만들어 빵·과자·알코올 등을 만들기도 한단다.

옥수수를 이용한 음식으로는 강냉이밥·강냉이범벅·강냉이수제비·올챙이묵·옥수수보리개떡·옥수수설기 등이 있어.

33

수몰 위기에 처한
천연기념물 은행나무를 살려 내다

경상북도 안동시 길안면 용계리에는 7백 살쯤 된 은행나무가 있어. 키 31미터, 가슴높이둘레가 13.67미터야. 우리나라 은행나무 가운데는 줄기가 가장 굵은 나무지. 1966년 천연기념물 제175호로 지정되어 보호하고 있어.

이 용계리 은행나무에는 전해 오는 이야기가 있단다. 오랜 옛날 용계리 골짜기에 탁씨 성을 가진 일가족이 들어와 살았어. 그 집에는 딸이 하나 있었는데, 하루는 그 처녀가 시냇가로 빨래를 하러 간 거야. 그런데 빨래를 하고 있을 때 물 위로 은행나무 한 그루가 둥둥 떠내려오는 게 아니겠니.

처녀는 은행나무를 조심스럽게 건져 내어 자기 집 부뚜막 옆에 심었지. 처녀가 물을 주며 정성스레 돌보았더니 은행나무는 살아나기 시작했어. 시간이 흐를수록 점점 커져 키가 자라고 줄기가 굵어졌지. 그 사이 이 골짜기에도 사람들이 많이 모여들어 마을을 이루었단다.

세월이 흘러 탁씨네 가족도 하나둘 세상을 떠나고 처녀도 이곳에서 살다가 늙어 죽었지.

그런데 어느 날 이 마을에 사는 노인의 꿈에 탁씨 처녀가 나타난 거야. 처녀는 노인에게 말했어.

"나는 물 위로 둥둥 떠내려온 은행나무를 건져 내어 심은 사람입니다. 나를 이 마을 성황으로 모시면 오래도록 마을을 평안하게 해 드리겠습니다."

처녀는 노인의 꿈에만 나타난 것이 아니었어. 마을에 사는 다른 사람들의 꿈에도 나타나 자기를 성황으로 모셔 달라고 청했지. 마을 사람들은 처녀의 청을 받아들여 처녀가 살던 집을 헐어 성황당을 세우고 처녀를 성황으로 모셨단다. 그래서 해마다 정월 열하룻날부터 사흘 동안 기도를 올리고, 정월 대보름에 성황 처녀에게 제사를 드리는 성황제를 가졌지.

그 뒤 용계리 은행나무는 조선 선조 때 훈련대장을 지낸 탁순창의 보호를 받았어. 탁순창은 임진왜란이 끝난 뒤 고향으로 내려와 은행나무 계인 '행계'를 만들어 은행나무를 돌보았지.

세월이 흐르면서 용계리 은행나무는 마을 사람들에게 '신목'으로 여겨졌어. 나무에 정성을 다해 기도하면 소원을 이루어 주는 나무라고 말이야.

용계리 은행나무는 실제로 신령스러운 나무로 소문이 자자했어. 나라에 큰일이 있을 때마다 '윙윙' 소리를 내며 울었거든. 1910년 국권 피탈, 1950년 6·25 전쟁, 1979년 10·26 사건 때 울었으며 마을에 병마가 퍼지거나 날이 가물어도 울었다고 해.

1987년, 용계리 은행나무에게 위기가 닥쳤어. 당시에 이 나무는 용계 초등학교 운동장에 있었는데, 초등학교는 물론 마을과 함께 영원히 물속에 잠기게 된 거야. 물이 부족하여 안동에 임하댐을 건설하게 되었거든.

그때 마을 주민들은 조상 대대로 지켜 온 나무를 잃고 싶지 않았어. 그것은 임하댐 건설을 맡은 한국수자원공사 이상희 사장도 마찬가지였지. 그는 나무를 매우 사랑하여 『매화』, 『꽃으로 보는 한국 문화』 등의 책을 지은 사람이었어. 이상희는 용계리를 찾아가서 은행나무를 보고는, 이 아름다운 나무를 반드시 살려 내야겠다고 마음먹었지.

그는 정부를 설득하여 은행나무를 살리는 일에 나섰어. 은행나무를 살리려면 옮겨 심어야 하는데, 이 일에는 많은 공사비가 필요했어. 이상희는 청와대에 도움을 청했고 청와대에서는 이를 받아들였어. 그래서 1987년 전두환 대통령은 경상북도 연두 순시에서 "천연기념물인 용계리 은행나무를 살려 낼 대책을 마련하라."는 지시를 내렸단다. 그에 따라 경상북도는 그해 8월 '용계리 은행나무 보존을 위한 조례'를 만들어 '용계리 은행나무 보존추진위원회'를 조직했지.

    은행나무를 살려 내는 일은 엄청난 공사비와 인력, 시간이 필요한 작업이었어. 이 일을 맡겠다고 나선 사람은 '나무 박사'라 불리는 '나무 이식 공사' 전문가 이철호였어. 그는 '대지개발'이란 회사의 대표였는데, 공사를 시작하기 전에 각서를 써야 했단다. '옮겨 심은 뒤 나무가 죽으면 공사비 전부를 물어준다.'고 말이야.

    이리하여 공사를 시작한 것이 1990년 11월이었어. 이 공사는 은행나무를 원래 위치에서 15미터쯤 들어 올리는

것이었어. 대형 크레인으로 나무를 조금씩 들어 올리는데, 그 양이 하루에 30~50센티미터였어. 그러면서 그 사이에 흙을 채우고 지반을 올려 높이 15미터의 인공 산을 만들었지.

용계리 은행나무는 무게가 무려 680톤이었어. 이 나무를 들어 올리고 마무리 공사까지 꼬박 4년이 걸렸어. 공사비는 23억 원이 넘게 들었지. 나무 한 그루를 살려 내기 위해 세계사에서 유례를 찾아보기 힘든 대공사를 끝낸 거야. 그리하여 용계리 은행나무는 수몰 위기에서 벗어나 기적적으로 살아남았단다.

안동 용계리 은행나무

안동 용계리 은행나무처럼 나라에 큰일이 있을 때마다 소리를 내어 미리 알려 주는 나무가 있나요?

우리나라에 있는 고목들은 유난히 많은 전설을 간직하고 있어. 그 가운데 어떤 나무들은 나라에 큰일이 있을 때 이를 미리 알려 준다는 이야기가 있지. 천연기념물 제30호인 경기도 양평의 용문사 은행나무는 8·15 광복 직전에는 두 달 동안 울었고, 6·25 전쟁 직전에는 50일 동안 울었는데, 그 소리가 십 리 밖에서도 들렸다고 하지. 이 은행나무는 4·19 혁명, 5·16 군사 정변 때도 울었으며 고종이 세상을 떠나기 전에는 커다란 가지 한 개가 뚝 부러졌다고 해.

큰일이 있을 때마다 소리를 내어 미리 알려 준 나무는 그 밖에도 많이 있어. 천연기념물 제365호인 충청남도 금산의 보석사 은행나무는 8·15 광복과 6·25 전쟁 때 소리를 내어 울었으며, 1992년 극심한 가뭄이 올 것을 울음으로 알렸다고 해. 강화도 전등사 은행나무는 나라에 큰일이 있는 해에는 열매를 맺지 않고 밤새워 울었다고 전해져. 병인년 프랑스 함대가 강화도로 쳐들어오기 전날 밤이나 일본의 운양호 사건, 강화 강제 수호 조약 때도 서럽게 울었다고 해. 천연기념물 제76호인 강원도 영월의 하송리 은행나무는 나라에 큰일이 있을 때마다 큰 가지를 하나씩 부러뜨린 것으로 유명해. 1910년 국권 피탈, 8·15 광복, 6·25 전쟁 직전에 가지를 하나씩 부러뜨려 나라에 큰 재난이 있음을 미리 알렸다고 해. 또한 천연기념물 제349호인 강원도 영월의 광천리 관음송은 나라에 큰일이 있을 때마다 나무껍질이 검정색으로 변했다는구나.